「日本で最も人材を育成する会社」のテキスト

酒井穣

光文社新書

啐啄同時（そったくどうじ）

禅において、師匠から弟子へ知恵の伝授が行われるときの心得のこと。「啐」とは、タマゴの中にいる雛鳥《ひなどり》が、タマゴの殻を破って外に出ようとして殻をコツコツと突《つつ》くこと。「啄」とは、自分の殻を破ろうとする雛鳥に応じて、親鳥が雛鳥を助けようとしてタマゴの外側から殻をカツカツと突くこと。タマゴの殻は雛鳥と親鳥が「同時」に突いてこそ破ることができる。

人材の育成においては、師匠となる人が⑴弟子が破るべき殻（＝超えて行くべき目標）を明らかにし、⑵弟子がその殻に向かって自発的にアタックするための情熱を刺激しつつ、⑶弟子が殻を破るための手助けをしてあげることが必要である。

自分をあきらめない人材であれば、誰でも必ず高みに到達できる。しかしそのために人は、正しい殻と、正しい師匠を見つけなければならない。

はじめに

成功を収めている、いわゆる「勝ち組」のビジネスパーソンを今ここに100名集めたとします。そして、その100名に対して「あなたを成功に導いた要因は何ですか?」とたずねれば、それぞれに異なる回答が出されるはずです。

優秀な上司との濃密なやりとり、納期や予算の困難なプロジェクトの推進、海外駐在による異文化との接触、顧客先で発生したトラブルへの対応……。

こうした個々の回答に何らかの共通点を挙げるとすれば、**彼らを成功へと導いた要因は「決して研修ではない」**という事実です。

人材育成業界では広く知られた名著『パフォーマンス・コンサルティング』(デイナ・ゲイン・ロビンソンほか著、鹿野尚登訳、ヒューマンバリュー、2007年)では、従来の研修によって習得された知識やスキルのほとんど（80％以上）は、実務に活用されていないという現実が指摘されています。

もちろん研修のすべてが不要だとは言いません。必要最低限の研修というものは確かにありますし、私自身そうした研修ポートフォリオの開発と運営も手がけています。ただ、研修とは「人材育成」という大きな文脈においては、もはや枝葉の話であって、人材育成の実務における根幹ではありません。

「ＯＪＴ」の終焉

これからの人材育成の実務は、「研修のデザイン」ではなくて、「経験のデザイン」という方向に向かいます。ですから、実質的に「人材の現場への放置」を意味してきたＯＪＴ（On the Job Training）の時代も終わりなのです。

この点において経営戦略のギアを正しくシフトさせることができない企業は、驚くべき速度で世界中の企業から取り残されることになるでしょう。なぜなら、これからは企業が人材に選ばれる時代に突入し、経験のデザインを含め人材育成プログラムの充実の度合いは、こうした人材が企業を選ぶときに最も重視するポイントになってくるからです。

この点においてモデルとなるのは、1999年の創業以来、驚異的な成長を遂げているセールスフォース・ドットコムです。同社は、人事部をこれまでの一般的な英語の名称である〝Human Resources（人的資源）〟ではなく、〝Employee Success（従業員の成功）〟と呼び、従業員の成功への寄与こそが人事部のミッションであることを強調しています。結果としてセールスフォース・ドットコムは、米『フォーチュン』誌が発表している「働きがいのある会社ベスト100」にも毎年ランクインしています。

ヒト、モノ、カネ？

これまでの企業経営においては、「ヒト、モノ、カネ」が経営資源として広く参照されてきました。現実に、これら3要素の適切な配分を考えることが、それこそ人類の文明史が始まってから、つい数年前までは経営の中心課題であったと言えます。

しかし、ヒト（特定の人材や組織）は、モノ（商品や設備）やカネ（資金や信用力）とは異なり、自ら考えて行動することができる、本質的に他人のコントロールから自由な存在です。

そうした自由な存在を、あたかもモノやカネのように自らの意思を持たない存在と同列に取り扱うような企業経営のあり方は、いよいよ問題とされるべき時に来ているのです。

これを積極的に支持する理由としては、**企業の存続になくてはならない「イノベーション」は、モノやカネではなく、自由意思を持っているヒトだけが起こすことができる**という事実が挙げられます。イノベーションは、実際の企業経営ではもちろん、経営学の世界においても最も重要なテーマです。

しかし、これまで企業において人材育成を担当してきたのはイノベーションとは真逆にある、むしろ保守的な人材ではなかったでしょうか。また、学問の世界においてもイノベーションに関する理論のほとんどは「大所高所からの鳥瞰図《ちょうかんず》」であり、実際のイノベーションを起こす個々のヒトにフォーカスが当たっていなかったのではないかと思います。

さらに、ヒトへのフォーカスを強めるべき消極的な理由としては、少子高齢化による労働力不足の影響が挙げられます。少子高齢化によって、企業の業績に大きな影響力を持つような優秀な人材を社外から確保することが、近年、ますます困難になっているという視点は見逃せません。今後、新卒も中途も採用が難しくなるのですから、手持ちの人材を育成することこそが、人事戦略一般の中心課題となることは明らかです。

モノあまり、カネあまりの時代にあって、**ヒトこそが企業経営に残された最後の開発ター**

ゲットなのです。今日のように、マネジメントにおける知的格差が世界的に平準化してしまった環境（誰でも、最高のマネジメント知識へのアクセスを持っている環境）では、いかにモノやカネを動かしたところで、競争優位は確保できません。

もはやモノばかりではなくて、カネですらコモディティー（入手が容易で希少性のないもの）という時代なのです。

本書の対象となる読者

本書は、私がフリービット株式会社（以下、フリービット）において、「日本で最も人材を育成する会社」をめざすべく、実際に導入している人材育成プログラムの論理的な背景と、プログラム導入の実践上のポイントをまとめたものです。

企業の人材育成担当者に向けて書かれた本ですが、経営の行き詰まりに直面している経営者の方や、自らの成長戦略を考える若手のビジネスパーソンにとっても何かしら得るところがあると期待しています。

また、営利を目的としていない官公庁やＮＰＯ（非営利団体）にとっても人材育成は重要な課題です。本書は民間企業の人材育成を中心に語るものではありますが、内容の多くは営利を目的としていない世界での人材育成にも通じるところがあるはずです。

本書の構成

本書は全7章で構成されています。

まず第1章では、そもそも何のために人材を育てるのかという「人材育成の目的」について考えます。近年、企業には社会的な責任が問われています。「金儲けさえしていれば、それで良いのか?」という疑問は、何も社外にのみ存在するのではなく、むしろ社内でこそ熱く語られてきた議題ではないでしょうか。

第2章では、では具体的に誰を育てるのかという「育成ターゲットの選定」について考えます。経営はいつでも、限られたリソースをプライオリティーの高いところに集中投下しないとなりません。では、教育リソースを集中投下すべきなのはどのような人材なのでしょうか。

第3章では、ターゲットとなる人材をいつ育てるのかという「育成のタイミング」について考えます。困っていない人を助けることはできないのですが、まず誰が、いつ、何で困っているのかを把握しないとなりません。

第4章では、人材をどうやって育てるのかという「育成プログラムの設計思想」について少し大所高所の視点から考えてみます。企業における人材育成の実務は、究極的には「人を育てる社風の形成」をめざして動きます。そうした社風の形成には、具体的に何が必要となるのかを見ていきます。

第5章では、個々の人材を誰が育てるのかという「人材育成の責任」について考えます。大人にとって自分が働く企業とは、教師のいる学びの場、すなわち学校です。この章では、企業において教師とは誰で、さらに学校間（企業間）の関係はどうあるべきなのかを明らかにします。

第6章では、私が利用している教育効果測定の方法を開示します。いかなる物事も測定できないものはコントロールできません。この章では、導入した育成プログラムがどの程度ターゲット人材のパフォーマンス向上に役立っているのかのみならず、「人を育てる社風」の形成度合いを測定するための方法を提案します。

第7章では、日々私が勤務先（フリービット）で導入している人材育成プログラムの一部を公開します。ここで取り上げるプログラムは、実際に良い効果が定性的にも定量的にも確認できているものです。しかし、こうした育成プログラムの教育効果測定というのは、どうしても主観的なものが入り込む、運命的に「ふわふわ感」から逃れられないものです。実際にこれらのプログラムを導入される場合は、こうしたプログラムの効果は、導入する現場の特徴や巻き込まれる人材によって大きく変動するという点に十分注意してください。

この場を借りて、本書執筆にあたりお世話になった方々への御礼を述べさせていただきます。

株式会社光文社の皆様、とくに新書編集部の黒田剛史さんとの出会いがなければ、本書は出版されなかったでしょう。彼は、他の出版社の誰よりも早く「人材育成」に関する企画を持ち込んでくださり、執筆中も多くの良質なフィードバックをしてくれました。

東京大学総合教育研究センターの中原淳准教授には、たいへんな激務の中、お時間を作っていただき、本書の土台となる部分について多くのヒントを頂戴しました。渋谷にあるすばらしいお寿司屋さん「蛇の健寿司」をご紹介いただいたのも、中原先生でした。

メーカーや外資系コンサルで長年、人事のプロフェッショナルとして活躍されてきた株式会社HRアドバンテージ取締役の南雲道朋さんには、とくにマネージャーに求められるコンピテンシーに関して貴重な助言を頂戴しました。南雲さんは、私が勝手に師匠として尊敬している方です。

私の、ケースメソッドに関する理論と実践の知識の多くは、ケースメソッド教育研究所代表であり、慶應義塾大学大学院経営管理研究科（慶應ビジネス・スクール）の特別研究講師でもある竹内伸一先生により教わったものです。竹内先生には、フリービットにおけるケースメソッドの運営もお手伝いしていただいております。

ライフネット生命保険株式会社の副社長、岩瀬大輔さんから受ける刺激が本書執筆の精神的なドライバーになっています。白状すれば、私は常々どうすれば自分も岩瀬さんのようなスーパービジネスマンになれるのかを考えています。一緒に楽しく飲みに行く友人ではありますが、私にとって彼は目標です。

クオンタムリープ株式会社代表取締役、ソニー株式会社アドバイザリーボード議長の出井伸之さんには、とくに育成ターゲットとすべき人材の選定に関する具体的な方法論をうかがいました。いわずと知れた日本を代表する経営者である出井さんに直接お話を聞けるというだけで大変な名誉であり、私が出井さんから教わったことは私にとって一生の宝です。

そしてフリービットで、企業理念の実現に向けて共に戦う仲間たち、中でも経営者である石田宏樹、田中伸明、栗原理の3名からは、本書執筆にあたって多くの助言を頂戴しました。

また、人材育成プログラムを進める私の同僚である荅暁晶、嘉村陽子、金古敏之、大久保強恵、新井咲子、石川一輝、田中健介、瀬井達也、佐藤涼一、谷内絵里子の献身的な仕事も、本書の内容に深く反映されています。

最後に、いつも私に生きる勇気を与えてくれている妻と娘に心より感謝します。

２００９年12月、渋谷にて。

酒井穣

◇「日本で最も人材を育成する会社」のテキスト◇目次

図表作成／デマンド

第1章　何のために育てるのか（人材育成の目的）

国民にとって、パンの次に重要なのは、教育である。

ジョルジュ・ダントン（フランス革命期の政治家）

１—１　従業員を路頭に迷わせないための人材育成

海外とのちょっとした取引といったレベルではなくて、自社の経営者が外国人になったり、本社が海外に移転されるようなことをリアルにイメージしてください。今、グローバル化は、そういうレベルで進んでいます。

グローバル化は、一時、国際政治学者である故サミュエル・ハンチントン教授（ハーバード大学）が著書『文明の衝突』（鈴木主税訳、集英社、１９９８年）で予言したような世界的な右傾化（民族主義化）の中で、「グローバル化とは、アメリカ化に過ぎない」と否定されることもありました。しかし、いかに言葉を否定しようとも、グローバル化自体はトーマス・フリードマン氏の著書『フラット化する世界』（伏見威蕃訳、日本経済新聞社、２００６年）でも明らかにされたとおり、不可逆的なプロセスで超高速に進行しています。

大事なのは、このプロセスは線形ではなくて、加速度的に進行するプロセスであるという認識です。今は周囲に外国人がいないからという理由で、将来も同様であると判断するのはあまりにもナイーブです。

図1

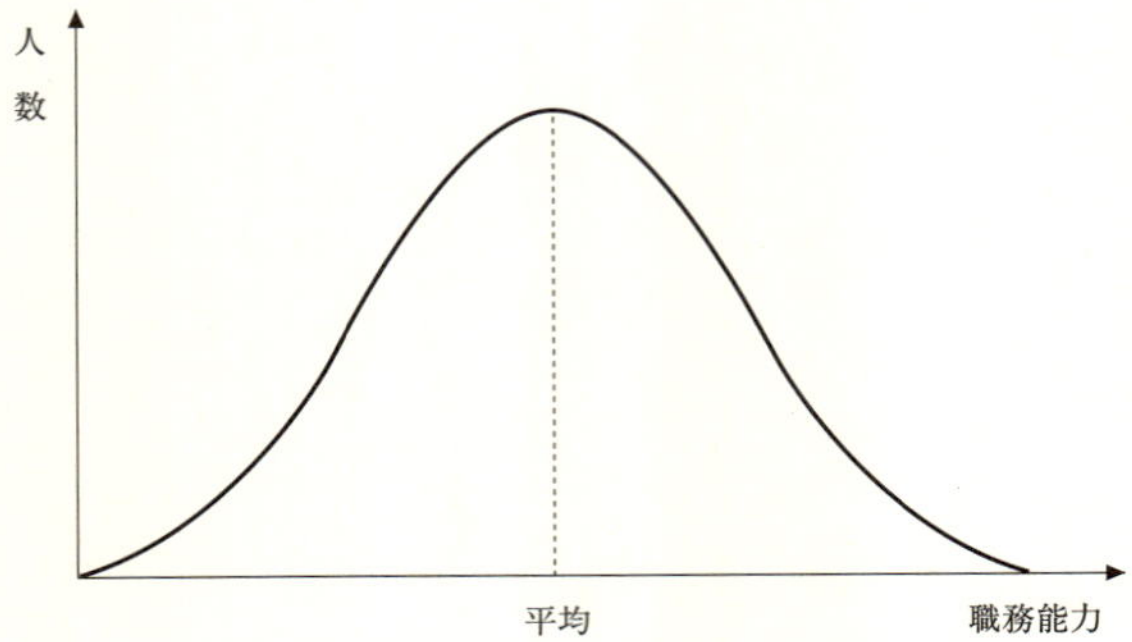

今、広く日本で話題になっている「二極化」という問題も、このグローバル化（フラット化）で説明がつきます。

日本の労働力を、現在の職務能力によって統計的に示すと、ざっくりとした視点からは上の図1のようになると思われます（注：日本の年齢別の人口分布はかなり歪《いびつ》なので、もちろん正確には正規分布にはなりません）。

グローバル化によって海外へのアクセスが容易になると、企業はとくに競争優位を見込めないような職務から順に、賃金の安い海外にアウトソースするようになるはずです。

アウトソースを受けるほうも、最も優秀な人材はよりクリエイティブな仕事に就くため、アウトソース用に確保できる人材は、あくまでも平均的な職務

図2

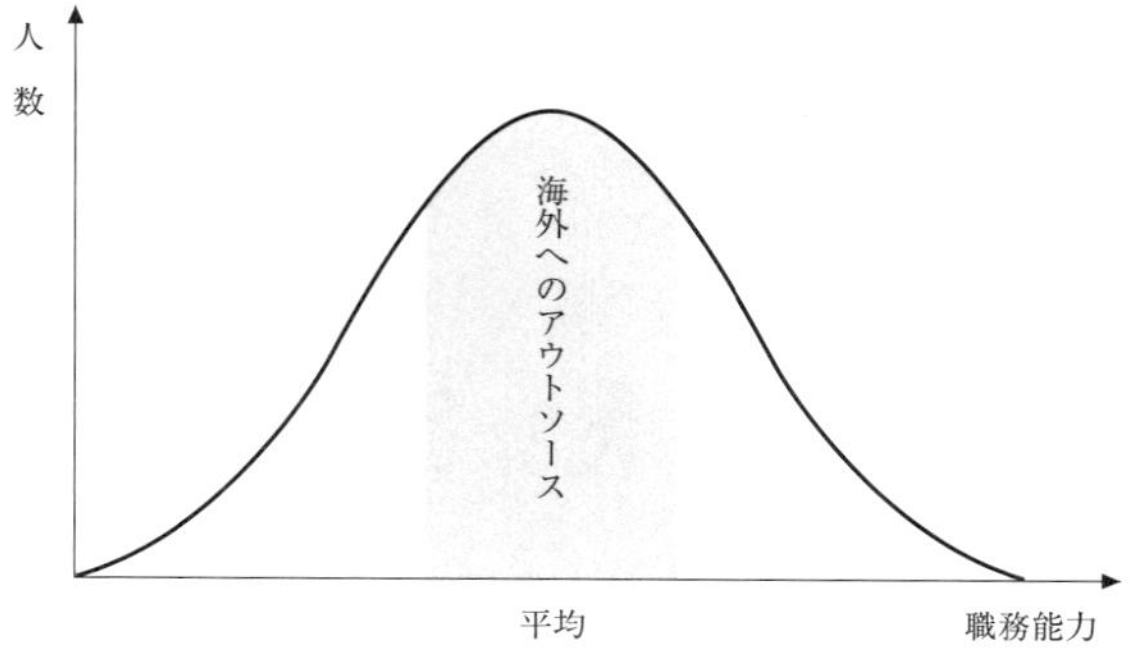

能力を持っている人材がメインということになります。

ここに営利を追い求める企業間においてはWin-Winの関係が発生します。海外にアウトソースをする企業からすれば、最も人員数が多い層（平均的な職務能力を持っている層）をそっくり海外に任せることができるし、アウトソースを受けるほうからすれば、最も確保が容易な層に注文が集中することになるからです。これを図に示すと、上のようになります（図2）。

ところが、アウトソースを決める企業の側はこれでよいかもしれませんが、日本の労働者にとっては一大事です。最も人数の多い層の仕事が、日本国内から海外に出て行ってしまったのですから。

こうなると、日本において平均的な職務能力を持

図3

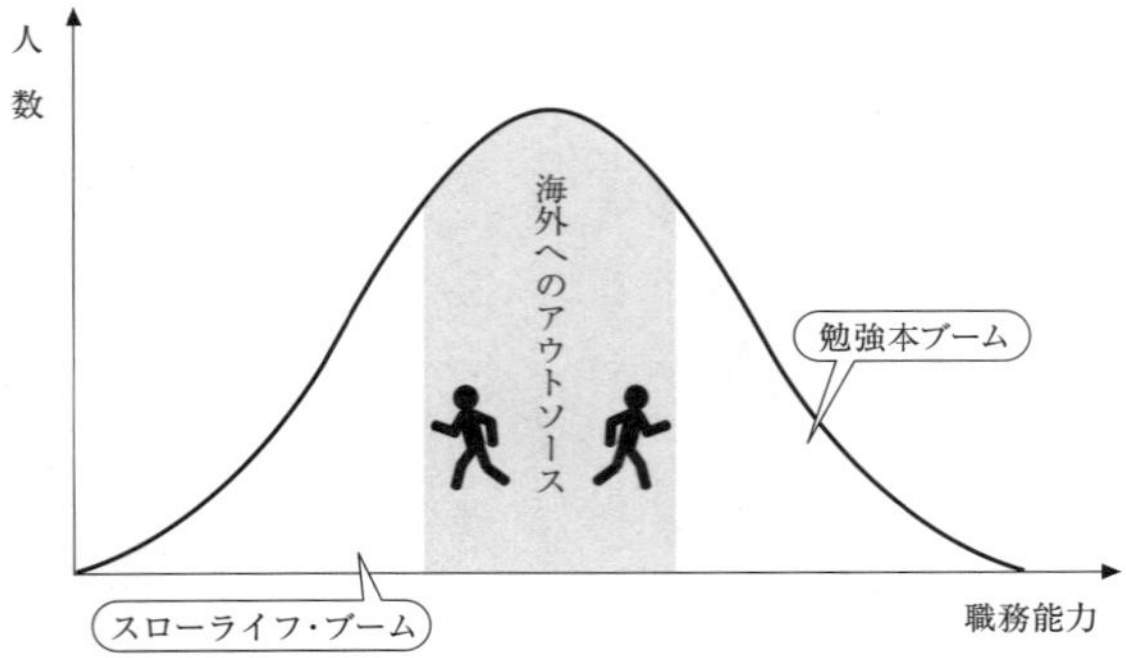

っている人材の選択は2つしかなくなります。

1つは自分の職務能力を高めて、いわゆる「勝ち組」への道をめざす方法です。これは、昨今の勉強本ブームの原動力でしょう。

もう1つは、キャリアを追い求める道をあきらめつつ、自分の能力以下の仕事に甘んじる道です。これは別の言い方をすれば、キャリアとは別の道に自分の人生の目標を定める方法で、こちらは「スローライフ・ブーム（ロハス・ブーム）」の原動力になっていると考えられます（図3）。

怖いのは、グローバル化による二極化はこれで終わりではないということです。現実には海外へのアウトソースはどんどん成長していきます（図4）。

この流れでは、勉強本ブームは少なからぬ脱落者を出しつつも、本質的にビジネスとは「生きるか死

図4

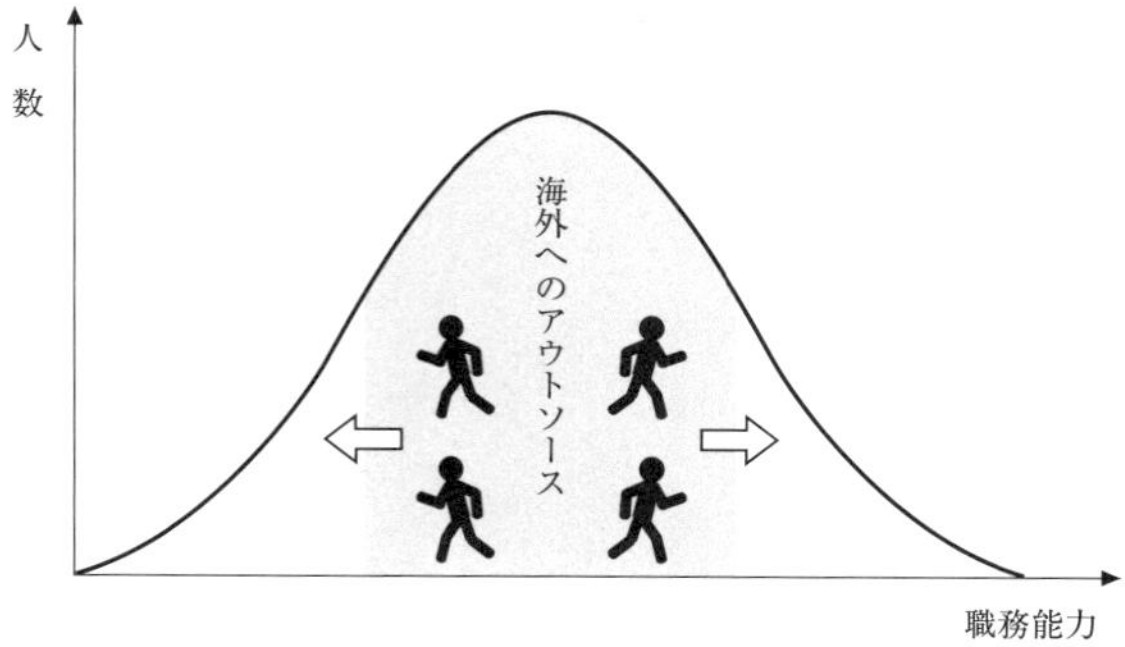

ぬかの生存競争」なので、より強化されていくと考えられます。少子化により収益の悪化している大学の多くはビジネス・スクール化していき、社会人向けの塾や家庭教師（個人コーチ）のようなものも出現してくるでしょう。

一方でこうした生存競争から降りることを選択するスローライフ・ブームは、深刻な「貧困」という厳しい現実が終着駅です。動物である限り、生存競争から降りるような贅沢な選択には、相応のしっぺ返しがあって当然です。厳しいようですが、ベーシックインカム制度（国民に毎月一律の給付金を無条件に与える制度）でもできない限りは、この貧困は時間的な余裕のなさとセットになっている「抜け出せないアリ地獄」です。

究極的には、ビジネス活動のすべてが国境の制約

図5

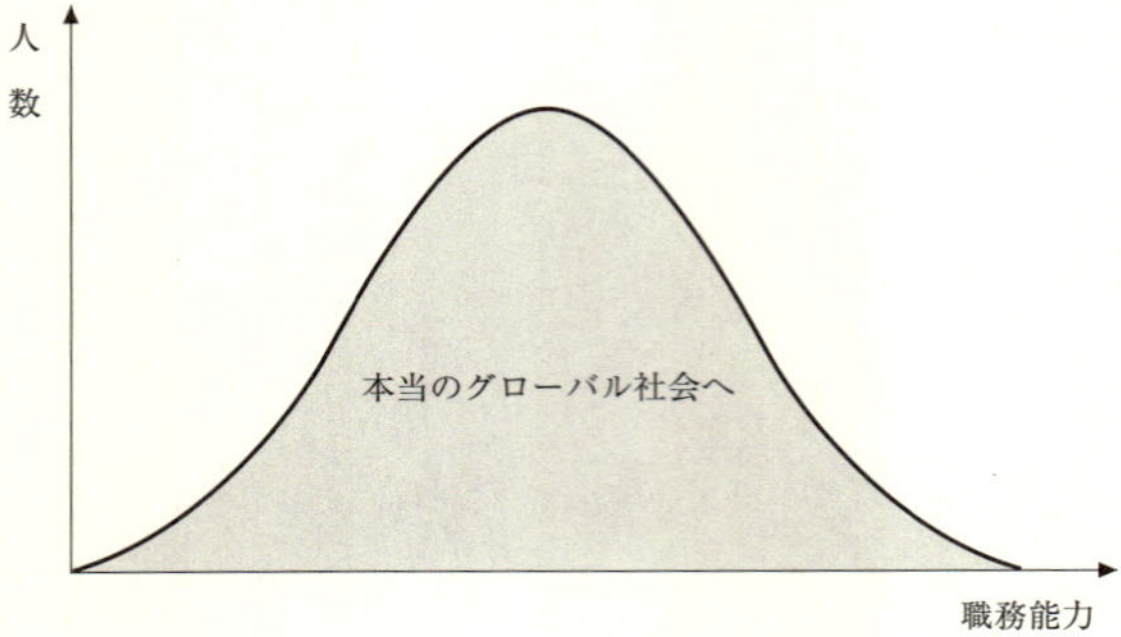

から自由になることで、海外へのアウトソースという概念も消えることになります。いずれ、日本国内の人材は、職務能力面でも賃金面でも、海外の人材とガチンコで勝負することになるのです（図5）。

これが、近未来に実現するグローバル社会の姿であり、この段階にまで至ればビジネスの世界からは国境が消え、都市部と郊外の格差はあっても、世界規模で**「同一スキル、同一賃金」**が実現し、そこには広い分散があるだけで、単純な二極化構造はなくなります。

日本の民間企業で働く人が2008年の1年間に得た給与の平均額は429万6000円で、減少率も減少金額も、統計をとり始めた1949年以来最大となりました。この原因としては不況の影響もあるでしょうが、本質的にはこの「同一スキル、同一賃金」の流れを意識する必要があるでしょう。

最近、私は、北京で中国人の採用活動も担当しています。この対象となっているのは研究開発を担当できるレベルの人材で、北京大学や清華大学など中国の超一流大学の理工系（修士または博士）の人材です。彼らの年収は、新卒～入社３年目程度であれば150万円前後、30代前後の脂の乗ったエース級人材でも300万円程度に過ぎません。そして彼らは一旦採用されると文字通り寝ないで働きます（平均離職率が高いので、管理のノウハウは必要ですが）。言うまでもありませんが、彼らにとって英語でのコミュニケーションは問題となりません。

この日中での賃金格差は、「同一スキル、同一賃金」の法則に従って、いずれ解消していくでしょう。そしてその均衡点は、まず間違いなく平均給与で300万円を下回るという覚悟が求められます。

好きか嫌いかにかかわらず、グローバル化は止められないのです。

すべての日本人がグローバルな人材市場に投げ出されようとしている現在、きちんとした人材育成を打ち出せない日本企業は、従業員の多くを路頭に迷わせることになります。

もちろん、自社の従業員とはいえ、個人の人生に責任を持つのは個人であって、企業ではありません。さらに営利（売上とコストの関数）を追い求める企業は、日本人であろうと中国人であろうと、国籍の別なく人材育成を行います。

しかし人材育成を担当する者は、こうしたグローバル化の行き着く先を見据えつつ、一般に危機感の足りない従業員を叱咤激励していくことも仕事です。責任の所在はともかく、時代は待ったなしで進んでいくのです。

1―2　事業に利益をもたらすための人材育成

日本初の警備保障会社セコムを創業した飯田亮氏は、利益と社会貢献を次のように結び付けています。

企業の利潤、商売の利益というものは、社会に対する貢献度によって決まるものであり、その貢献の度合いによって社会は企業に利潤をもたらす。社会に貢献しない企業は、だから利潤は得られないし、得たとしても、又それは何日も続かない。そしてその企業は社会から消え去ることになる。

『最高の報酬――お金よりも大切なもの』（松山太河編、英治出版、２００１年）より

経営の神様とも称されたピーター・ドラッカーも、企業にとって利益とは目的ではなく、社会貢献を続けるための原資であると述べています。これらの言葉は非常に重いものです。なるほど利益を追い求めることと社会貢献は、長期的には矛盾しません。

しかし短期的には、利益と社会貢献の関係が見えにくくなることがしばしばあり、現実には厳しい判断を迫られるケースがあります。

先のドラッカーですら「利益とは企業存続の条件である」という具合に、「社会貢献の原資」とはやや矛盾することを伝えており、この問題にクリアな解答はなさそうだということが理解できます。

企業活動を一番シンプルに表現すれば、その中身は⑴売上を最大化し、⑵コストを最小化する、というたった２つの行動にまとめることができます。この２つの行動について十分な経験を積まないまま、「社会貢献」という言葉だけを振り回すようなビジネスパーソンは、絶対に成功しません。

しっかりと認識したいのは、「社会貢献のための企業活動」ではなくて、「営利活動を通した社会貢献」という、口を開けば必ず「お金のにおい」がする民間企業ならではのリアリティーです。

ですから、利益と社会貢献の関係性が見えにくくなったときの判断は、それが違法でないかぎりは、利益を優先させるのが筋です。たとえば、人員の整理をすることが社会貢献だとは思えませんが、時には人員の整理だってしなければならないのが企業というものでしょう。

企業活動は、長期的には企業理念の実現に向かっているべきであり、社会貢献になっていなければなりません。この点に疑問はありません。先の飯田亮氏による戒めの言葉は、ビジネスパーソンが道徳心を失いやすいという背景を理解した上で語られた、倫理教育的なものであると思われます。

認知・教育心理学者のハワード・ガードナー教授（ハーバード大学）も、一般的なビジネスの世界には「倫理」の育成システムが組み込まれていないので、利益を前にしたビジネスパーソンは道徳心を失いやすいということを指摘しています。

倫理は重要です。同時に、短期的な視点において**適切な人材育成プログラムとは、人材のポテンシャル（伸び代《しろ》）を効率的に引き出し、企業の経済的な成長を達成するものでなければ**

ばなりません。社会貢献のための学びではなく、実際にビジネスパーソンとしてのパフォーマンスを向上させるための学びを促進しないと、人材を育成するための予算も取れないことになってしまうからです。

もう一歩だけ具体的にいうと、企業の経済的な成長を達成するための人材育成は、「数多く生まれては消えていくアイディアを、売上の向上かコスト削減につながる具体的なビジネスモデルに変換するためのスキル」を高めるものになっていないとなりません。

まずはパンを確保します。社会貢献の話はそれからです。

1―3　企業理念を実現するための人材育成

何事も選択肢が増えるほど、自由度も増します。しかし、それは人間にとって本当に良いことでしょうか？

普通は、決断に際して多くの選択肢があったほうが意思決定は合理的になり、結果として人間はより幸せになれると考えるでしょう。しかし、行動経済学者であるシャフィール教授（プリンストン大学）が明らかにしたところによると、人間はあるレベルを超えて選択肢を多く持つと何も選べなくなり（決定回避の法則）、かえって不幸になってしまうのです。

もちろん、あまりに少なすぎる選択肢も人を不幸にします。これは、バランスの問題です。が、現代のようにどんどん豊かさが増している先進国の社会においては、多すぎる選択肢がデフォルト（前提条件）なのです。

この「多すぎる選択肢がもたらす不幸」を解決するのは、判断の軸となる価値観の形成です。言ってみれば、価値観というのは多すぎる選択肢を減らすためのフィルターとしての機能を持っているわけです。

たとえば「赤が好き」という価値観を持っている人は、とくに色の好みを持っていない人に比べて、洋服を選択するときの選択肢が圧倒的に少なくなるでしょう。また「緑茶が好き」という人は、コンビニで多くの清涼飲料水を前にしても、あまり悩まずに自分が買うべき飲料を選べます。さらに「数学が好き」という価値観を持っている学生は、とくにこれといって好きな学問のない学生のように、自分が進むべき学部や学科で悩むことはないはずです。

人材育成という文脈においても、軸となる価値観がなければ育成すべき人材や育成のタイミング、育成の責任者や採用する育成プログラム、プログラム導入後の効果測定の方法など、

表1　企業理念の例

企業名	企業理念(ミッション)
ソニー	真面目なる技術者の技能を、最高度に発揮せしむべき自由闊達にして愉快なる理想工場の建設（設立趣意書より）
マッキンゼー	顧客企業のために
餃子の王将	より美味しく、より安く、スピィーディーに
ユニクロ	ユニクロは、あらゆる人が良いカジュアルを着られるようにする新しい日本の企業です
ライフネット生命	どこよりも正直な経営を行い、どこよりもわかりやすく、シンプルで便利で安い商品・サービスの提供を追求する
フリービット	Internetをひろげ、社会に貢献する

あまりに多すぎる選択肢を前にして、何も選べなくなってしまいます。この人材育成の戦略を立てるための価値観（人材育成の目的）として採用すべきなのが「企業理念」です（表1）。

企業理念とはその企業がめざす理想（企業の存在理由）であり、企業にとって最も重要なものです。人材育成戦略の策定に限らず、企業内におけるすべての判断は、企業理念の実現に直接・間接に貢献していることが大切な条件となります。

企業理念はまた、その企業に集う人間の価値観の最大公約数（皆に共通する部分）でもあります。本質的には、どこの企業でも働ける人材が、ある特定の企業を選ぶのは、その企業理念が自分の価値観に最も近いからであるべきなのです。

しかし、ほとんど無数に企業が存在する現代社会では、人間は自分の人生をかけて働く企業の選定にまで、先の決定回避の法則に従ってしまうことがほとんどです。現実には、ある人材が今の職場で今の仕事をしているのは単なる怠惰や偶然であることが多く、その企業の理念を正しく理解し、それに深く共感しているケースは稀《まれ》です。

こうした現実を踏まえて、**企業における人材育成の目的は企業理念の浸透にこそあるということ**を本章の終わりに強調しておきます。

コラム1　成長とは何か

皆が普通に使っている言葉なのですが、「成長」というのは意外と難しい言葉です。ここで、本書を通して何度も語られる成長についてコラムとしてまとめてみます。

成長とは「大きくなること」

漢字を読めば「長く成る」ということですから、一般には「大きくなること」という意味でしょう。たとえば「経済成長」と言うときは、経済の規模が大きくなることを意味しています。

動植物の視点からも、確かに「大きくなること」を成長としていますが、「肥満」を成長とは言いません。このことを考えると、成長とはただ単に大きくなることではなくて「好ましい範囲内で大きくなること」であると言えます。

では、もはや身体《からだ》が大きくならなくなったからといって、それで成長がストップしてしまうのでしょうか？　そうではありませんね。たとえば、筋肉や内臓がより強くなったり、言葉を上手《うま》く使えるようになったりと「能力面での成長」もあります。

成長とは「できなかったことが、できるようになること」

成長という言葉には「大きさの発達」だけでなくて、こうした「能力の発達」という意味も含まれているのです。この能力の発達は「それ以前にはできなかったことが、できるようになること」と言い換えることが可能です。

大きさの発達を促すのが睡眠、食事や運動であるとするなら、能力の発達を促すのは、おそらく「競争」です。もちろん、競争などなくとも能力は発達しますが、その速度を気にするのであれば、競争は無視できません。

たとえば、クラスで一番足の速い子供が、つねにクラスメートとしか徒競走をしないとしたら、その子供は自分のことを「十分に速い」と考え、それ以上、速く走るための努力をしなくなるでしょう。自分が最も得意で結果の出ることを繰り返すことは確かに楽なのです。

しかし新しい能力の開発のためには、普段から「今の自分にはできないこと」が意識されるような環境が必要なのであって、そのためには自分よりもできる人が「ライバル」として身近に存在する必要があります。これは、人間にとって「居心地の悪い環境」の定義でもあります。

誰よりも上手にできることを毎日こなすような環境は、たしかに居心地がいいでしょう。いつだって一番としてチヤホヤされます。しかし、そうした居心地のいいところを抜け出さないと、新しい能力の獲得はできなくなってしまうのです。つまり、**能力の成長には、適度な居心地の悪さが必要**なのです。

能力面での成長には顧客がいる（ことが多い）

さて、大きさの発達の場合は「肥満」を避け、好ましい範囲を意識しなければなりませんでした。それでは、能力の発達の場合にも「肥満」のようなものはあるのでしょうか？

われわれの多くが「使わない能力（機能）が盛りだくさんの家電」にウンザリさせられるように、能力の発達にも「肥満」と言えるものがありそうです。

人間の能力には、大きくは社会レベルで需給関係があって、日々の生活においても、上司や同僚が「顧客」となるのが現実です。どんな能力でも、自分の関心に従ってどこまでも伸ばせば良いということはなく、社会的に足りない能力や、上司や同僚に求められる能力を鍛えていくことが重要でしょう。

学問や芸術の多くがそうであるように、自分自身がこれと信じる道をひたむきに追求する成長もあります。この場合は他人の目をまったく気にしないのですから、「肥満」という判定が成立しません。

しかし学者やアーティストであっても、地位や権威などをまったく意識しないで生きていける人は決して多くはないはずです。

心理学者として名高いマズローが言ったように、人間の幸せの少なからぬ部分が「他人から認められること」にあるとするならば、「好きなことを追求した結果の孤独」というのが、人間にとってどれほど耐えられるものなのかは、個人的には大いに疑問です。

キャリアには、**誰のニーズを意識して、どんな能力を高めていくのかという視点**が求められるのです。

第2章　誰を育てるのか（育成ターゲットの選定）

私は人間を弱者と強者、成功者と失敗者とにはわけない。
学ぼうとする人としない人にわける。

ベンジャミン・ハーバー（社会学者）

2―1　人材は3つのタイプに分けることができる

米国のクリエイティブ・リーダーシップ・センター（Center for Creative Leadership）の元研究員マイク・ロンバルト氏は、組織には学習能力という観点から見て、「積極的学習者（全体の10％）」「消極的学習者（全体の60％）」「学習拒否者（全体の30％）」の３種類の人材がいるとしています（それぞれのタイプの人材の組織における割合については、実証が難しいのであくまでも参考値としてください）。

積極的学習者（組織全体の10％程度）

練習をしないプロのスポーツ選手に未来がないのと同様に、ビジネスのための勉強をしないビジネスパーソンにも未来がありません。積極的学習者はこうしたプロとしての自覚を持ちつつ、習慣・本性・欲望として物事を学びます。状況に追従するのではなく、自ら学ぶテーマを決めて、学ぶこと自体を楽しめる人々でもあります。

教育心理学の世界では、こうした人々は「拡張的知能観（growth-mindset）」を持っているとされます。彼らは、自分の持っている能力は拡張的で変わりうると信じています。学べば学ぶほど、自分の能力が高まることを実感しているわけです。

成長の実感はそれ自体が喜びであり、その喜びを得たくてさらに学ぶという好循環を生み出します。こうした好循環に入っている人材は、極端に言ってしまえば、放置しておいても十分に育ちます。

消極的学習者（組織全体の60％程度）

消極的学習者は、役に立つことが明らかだったり、十分な報酬があったりするような場合だけ気まぐれに学習を行います。学ぶこと自体に喜びを感じる積極的学習者とは異なり、消極的学習者にとって学びはあくまでも個人的な目的を達成するための手段であって、彼らはできれば学習は避けたいと考えています。

先の拡張的知能観に対して、こうした人々が持っているのは、知識は増やすことができても、自分の能力は基本的に変わることはないという「固定的知能観（fixed-mindset）」です。日本ではとくに受験勉強における偏差値主義が、個人に自分の持って生まれた能力の限界を「劣等感」として印象付けてしまい、結果として固定的知能観を持ってしまうケースにつな

図6

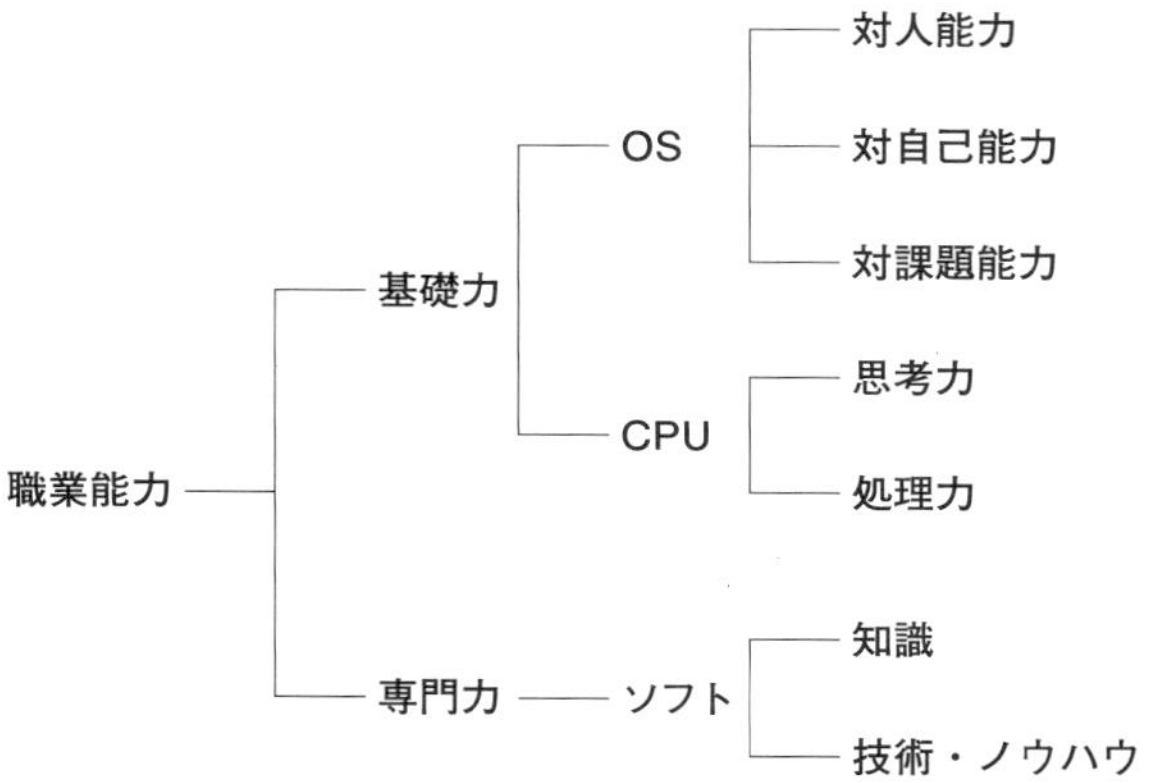

出典：大久保幸夫『キャリアデザイン入門（Ⅰ）（Ⅱ）』日経文庫、2006年

がっているように思います。

では、ビジネスパーソンの職務能力は、固定的知能観にとらわれた人が信じるように生まれつきの才能であり、発展させることはできないのでしょうか？

リクルートワークス研究所所長の大久保幸夫氏は、ビジネスパーソンの職務能力をパソコンにたとえて、上の図6のような表現をしています。

この中で、模擬試験で偏差値を用いて測定しているのは、ほとんどＣＰＵ（脳）の「処理力」だけです。思考力については、近年流行のフレームワークを用いた思考などを活用すれば、相当高められるという実感を持っている人も多いはずです。また仮に、処理力に自信がないとしても、たとえばOSとして表現されている対人能力、対自己能力や対課題能力などは大人になってからでも十分に鍛えることが可能です。

楽天CEOの三木谷浩史氏は、著書『成功の法則92ヶ条』（幻冬舎、２００９年）の中で次のように述べています。

「優秀な社員とそうでない社員との差は、冷静に分析してみると、ごく僅《わず》かなものでしかない。けれど、そのごく僅かの差が、どういうわけか天と地ほども大きな差になってしまう。その僅かの努力をしない人が、世の中の大多数だからだろう」

人材育成においては、組織におけるマジョリティーであるこの消極的学習者（60％）の固定的知能観を払拭《ふっしょく》して、彼らを積極的学習者に変えていくことが重要なフォーカスの一つになります。

積極的学習者は極端に言えば放置（ＯＪＴ）でも育つのですから、企業間の差はこの消極的学習者にどう対応していくのかで決まると言って過言ではありません。

学習拒否者（組織全体の30％程度）

学習拒否者は創造的なことがキライで、言われたことだけを過去の習慣どおりにこなしたい人々です。この学習拒否者に対して、どれだけ育成のリソースを使っていくかに関しては、簡単には結論が出ません。

学習拒否者に共通して見られる特徴は、目の前にある問題の原因がつねに自分以外の他人にあると考えることのように思われます。そもそも問題を問題として認識していないことも多いようです。この学習拒否者は、仮に自分が生活習慣病であると診断されても、これまでのライフスタイルを一切変えようとしない人々というと理解しやすいでしょうか。

こうした人々が全人口の30％もいるとは思いませんが、人材育成を担当する者は、社内における学習拒否者は常識的な予想を超えてはるかに多く存在すると考えるべきなのかもしれません。

経営判断としては、こうした学習拒否者に貴重なリソースを使うことはできません。だからこそ逆に、学習拒否者の可能性を最後まで信じてあげることは、人材開発担当者にとっての責務とも言えるでしょう。

（注）俗に、「2・6・2の法則」と言って、人間が集団になるとそこには優秀な人が2割、普通の人が6割、落ちこぼれてしまう人が2割という構成になりやすいことを指摘した法則があります。積極的学習者、消極的学習者、学習拒否者の割合が、この「2・6・2の法則」にかなり近いことは興味深いです。

2―2 人材のポテンシャルを「見抜く」

伸びる人材には、ある程度までは共通する特徴があることがさまざまなところで語られています。人材育成にかけることができるリソース（予算や人員）には限りがあるのですから、そうしたリソースを集中させるべき人材（ターゲット人材）を選抜しなくてはなりません。当然、ターゲット人材の選抜は、慎重に行わなければなりません。また、人材はつねに成長し変化するので、一度選抜してしまった後でも、選抜メンバーの入れ替えは頻繁に行います。

こうしたターゲット人材の選抜には、過去の経験や実績以外に、どのようなパラメーターを考慮する必要があるのでしょうか？

伝説の打撃コーチ、高畠導宏の7項目

落合博満元選手やイチロー選手、小久保裕紀選手や田口壮選手といった超一流のバッターには、共通する伝説の打撃コーチがついていました。故高畠導宏氏です。高畠氏は、ＮＨＫで放映されたドラマ『フルスイング』のモデルとしても有名です。

高畠氏は太宰府市立太宰府中学校で行った『豊かな人生を過ごすには』という講演（２００３年６月26日）の中で、プロ野球の世界に限らず、人生そのものにおいて「伸びる人材の共通点」として次の７項目を提示しました。

○素直であること
○好奇心旺盛であること
○忍耐力があり、あきらめないこと
○準備を怠らないこと
○几帳面であること
○気配りができること
○夢を持ち、目標を高く設定することができること

この7項目は、人材のフィルタリングにはもちろん、採用にも活用することができます。最近は大切な自分の面接にすら「準備」ができていない人も多く見かけますが、どこの企業の採用担当者であっても、この7項目ぐらいは最低限として見ているので、注意してもらいたいです。

成長速度を決める「顧客志向の信念」

信念とは「ある対象が、別の特定の属性と結びついているという認知」のことです。たとえば、「仕事とは顧客を満足させることだ」という認知は、「仕事」という対象が「顧客を満足させること」という属性と結びついているので、信念であると言えます。

ある対象に関する信念とは、「その対象はどうあるべきか」という問いへの回答です。そして信念は、科学的な実験やデータに基づかない個人的な判断基準の軸であり、別の言い方をすれば「素人理論」です。

たとえば、「人材育成とは、研修を提供することである」という信念を持つ経営者と、「人材育成とは、人材のパフォーマンス向上を達成する活動である」という信念を持つ経営者とでは、人材育成の担当者に求める職務能力の内容や質はもちろん、人材育成にかける予算の大きさが異なるでしょう。

ちなみに、こうした信念の集まり（素人理論の集まり）が企業文化を形成します。企業買収が失敗する原因の84％を占めるとも言われる企業文化統合の失敗は、信念の共有にしくじるということなのです。

自分のアイデンティティーと結びついている信念は、世界を見るときのフィルターとしての役割を果たし、その個人の知識の形成に大きな影響を与えます。

松尾睦教授（神戸大学）は、著書『経験からの学習』（同文舘出版、２００６年）の中で、営業マンの成長にとって「顧客志向」の信念が経験学習の効果（学習の速度）を左右することを明らかにしています。

顧客志向を持った営業マンは、商品をただ売るのではなくて、顧客満足を達成しようとし、顧客のためにならない商品の販売はときに自らこれを拒否すらします。結果として仕事の難易度が高まり、処理すべき情報量も増え、同じ「顧客に商品を売る」という行為から得られる経験が異なってくるでしょう。

ここで私が注目したいのは、顧客志向というのは「社内顧客」という概念を用いれば、企業組織におけるいかなる部門にも適用できる信念であるということです。

たとえば経理部であっても、財務情報を持ってきてくれる各部門を「仕入れ先」と考え、経理的な数値処理を行った分析データのアウトプットの提出先としての経営者（株主）を「社内顧客」と考えれば、顧客志向を持った経理マンと、顧客志向を持たない経理マンの成長速度には差が出てくることは明らかです。

この顧客志向の測定には、トッド・ドナバン教授（コロラド州立大学）によって4段階の尺度が提案されています。

1　顧客を大事にする欲求
2　顧客ニーズを読み取ろうとする欲求
3　個人的な関係を築こうとする欲求
4　求められるサービスを提供しようとする欲求

こうした顧客志向の信念をより一般化すれば、「利他的な信念」になります。自分の利益ではなくて、他人の利益を第一に考える「利他性」は、リーダーシップの源泉の一つとして広く知られています。ここから、企業活動におけるリーダーには、顧客志向の強い信念が求められると言うことができるでしょう。

インビジブル・メンター（ロールモデル）を意識している

日本には古くから「守破離《しゅはり》」という言葉があります。

もともと禅の教えであった守破離とは、ジュニアのうちは基本を忠実に守り、ミドルになり型の一部を自分なりに改善する形で破り、ついにはシニアとして自分の師匠から教わった型から離れて完全に独自のやり方に至る（自らが師匠になる）という学習のプロセスを表現した言葉です。

この守破離という概念は、能楽の祖とも言われる世阿弥が「守」を種として、「破」を花として、「離」を実として表現しつつ広め、言葉としてはとくに茶道と剣道の世界に定着しつつ現代にまで伝わっています。企業組織においても、ジュニアには可能性（種）があり、ミドルには華（花）があり、シニアには収入（実）があると考えると、世阿弥の表現における永遠性に触れたような気がして、驚かされます。

ただ、複雑な現代社会を生き抜くビジネスパーソンにとっては、これさえ守ってさえいれば大丈夫といった「型」は存在しません。では守るべき型がまったく存在しないかというと、そんなこともありません。

ダンサーとして、また振り付け師として成功したトゥイラ・サープ氏は、模倣こそが創造力の源であると言います。そんな彼女は、模倣の対象としている人のことを「インビジブル・メンター（姿の見えない指導者）」と呼んでいます。彼女がダンスをデザインするときは、インビジブル・メンターがスタジオの片隅で自分のことを見守ってくれている姿を心に描くそうです。

こうした存在は、リーダーシップ論ではとくに「ロールモデル」と呼ばれます。ロールモデルとはお手本（行動の規範）を与えてくれる人のことを指し、人間は成長の過程で無意識にもこうしたロールモデルを持つそうです。しかし、とくにリーダー教育においては、(1)リーダーに求められる行動を言語化し、(2)言語化された個々の行動におけるロールモデルを意識的に選び、(3)そうした人の真似をする（守破離の守）というステップを意図的に取ります。

インビジブル・メンターのポートフォリオこそ、われわれに「型」を提供してくれるとするならば、そのポートフォリオの管理にはとくに慎重になるべきでしょう。これを無意識に任せたりせず、場面に応じて意識的に「あの人だったらどう行動するか」と考える癖を持っている人材が、他の人材よりも伸びるのは明らかだと思われます。

明るくて社交的であること

ビジネスにおける人脈の大切さは、いまさら強調するまでもないでしょう。マーケティングでも、人間は客観的に最も優れた商品ではなくて、自分の好きな友人が作っている商品を買うということが解っています。

ここで人脈とは「誰を知っているか」ではなくて、「誰に知られているか」で決まるものです。自分の知識であれば忘れないように維持・管理しておくことは簡単ですが、人脈は「他者の脳内において自分の占める割合」なのですから、これを維持・管理するということは、必然的に、他者に自分を気にかけてもらうための継続的な努力をするということです。

他者に自分を気にかけてもらうための武器として、明るさと社交性を除外することはできません。これは人から「愛される力」と言い換えることができ、とくに世界レベルで圧倒的な能力でも持っていない限りは、**人脈の維持・管理において明るさと社交性に代わるような武器はありません。**

現役ヘッドハンターの兼本尚昌氏は著書の中で、ハイパフォーマーは共通してメール等へのレスポンスが早いという特徴を指摘しています。

行動分析学の世界では「60秒ルール」といって、他者の好ましい行動を強化するには、その行動が発生してからできるだけ早く（できれば60秒以内に）、その行動をほめたり、その行動に感謝したりすることが必要なことが明らかになっています。

ハイパフォーマーがメールへのレスポンスが早い理由は、他者が自分にメールを送信するという行動を強化するために、この60秒ルールを適用しているだけのことです。行動分析学の知識が特段なくとも、ハイパフォーマーは社交性という文脈の中で、メールへのクイック・レスポンスをしているのでしょう。

失敗は自分のせい、成功は運のおかげと考えるクセがある

ハイパフォーマーは、物事に際しては十分な準備をして、リスクを極限にまで押さえ込んでからアクションを起こします。いかなるチャレンジにおいても基本的にリスクを相当強く認識しているので、実際に成功すると、思わずその成功に驚いてしまうという特徴があります。

リスク管理において最も気にすべきなのは、リスクとして起こりうる物事の中で、最終的にそれを受け入れる判断をして「対策を講じなかったリスク」です。あるリスクを受け入れる判断をするということは、それが発生したときの責任が自分にあることを認めることと同義なのですから、ハイパフォーマーは成功に際して「自分の運の良さ」を実感する傾向があるのも当然でしょう。

また、何かが失敗するというときは、失敗の原因となったイベントは、リスクとして想定されていたものであることがほとんどです。ハイパフォーマーにとって、失敗の責任は、発生する可能性があることは解っていたリスクに対策を講じなかった自分にあると考えるのは仕方のないことです。当然、失敗に際しては普通の人以上に落ち込みます。

こうしたハイパフォーマーとは逆に、「失敗は他人のせいで、成功は自分のせい」であると考えている人には、そもそもリスクを想定し、事前に準備や対策を打てるリスクについてアクションを起こすという発想がない場合がほとんどでしょう。

こうしたことは、基礎的な教育の問題だと考えることもできます。しかしビジネスパーソンとしてそれなりに長い年月を生きている人が、リスクの取り扱いについてこのレベルで基本的な理屈を備えていないということは、それだけで、その人材の学習能力に疑問を持たざるを得ません。

「人を見る目」を持ち、他者の力を活用すること

幼稚園児であっても「A君はBちゃんのことが好きだけど、Bちゃんが好きなのはC君」という具合に、周囲の人間関係を鋭く見抜いている子供がいる一方で、大人になってもそうしたことには一切関心を持たない人もいます。人を見る目は、人間関係に興味を持つことによって養われるのかもしれません。

著名な経営コンサルタントであり、GEやデュポンといった巨大企業においてCEO選出のアドバイスを行っているラム・チャラン氏は、有能なリーダーの条件として、この「人を見る目」の重要性を指摘しています。彼は、著書『CEOを育てる』(ラム・チャラン著、石原薫訳、ダイヤモンド社、2009年)の中で、リーダーに求められる人を見る目に関して、次のような指摘をしています。

○自分よりも優れた人材を積極的に集めて活用する
○タスクに対して能力が足りていない部下はためらいなく入れ替える
○人材間に発生する対立を予測し、見極め、解決する採用の世界では、俗に「Ａクラスの人材は、Ａクラスの人材を連れてくる」が、「Ｂクラスの人材はＣクラスの人材を連れてくる」と言います。自分の能力に不安を感じている人材は、自分よりも優れた能力に恵まれている（ように見える）人材が自分の部下や同僚になることを恐れるからです。

また、与えられたタスクをこなすのに能力が足りていない部下に対する対応でも、Ａクラスの人材は失敗することが確実な仕事を部下に任せておくことに罪を感じるので、無駄な失敗体験を積ませてしまう前に、部下を異動させたり、部下のタスクを変更したりします。

そしてＡクラスの人材は、グループ・ダイナミクス（集団力学）にも経験的に通じていて、理屈を超えた人と人の相性にも敏感です。企業理念の達成にとって不必要な政治的な争いが起こってしまう前に、ぶつかり合う可能性が高い人材をお互いに遠ざけたり、政治的な争いが発生してしまった場合でも、それを無視したりせずに、その解消に積極的に関わります。

問題意識を持ち、自分で調べられること

ビジネスパーソンにとって問題意識を持つことは重要です。ただし、ここで言う問題意識

とは、社会悪への憎悪といったことではなくて、むしろ常識や先入観にとらわれず、他の人材には感じられない「引っかかり」を大切にできるゼロベース（虚心坦懐）な思考ができる能力の有無を指しています。

こうした問題意識を持っている人材は、「誰かがそう言った」というレベルでの情報を好まないので、できる限り信頼のできるソースから、より客観的な事実を得ようという態度が習慣化しています。

たとえば、競合他社などの企業情報を入手するのに、競合のホームページや新聞・雑誌の記事などを集めることも大切ですが、金融庁の企業情報開示サイトであるＥＤＩＮＥＴ（エディネット）や、特許庁の電子図書館であるＩＰＤＬ（アイピーディーエル）を見ていないとするなら、それは問題です。

また、「自分で調べられること」とは、ネットや書籍、雑誌などのメディアを使って公知の情報（ドライ情報）を集めることができる力はもちろん、個人や企業が何らかの理由でおおっぴらにしていない情報（ウェット情報）を集める力も含まれています。言うまでもありませんが、こうしたウェット情報のソースは人脈の広さに依存します。

つっこまびりてぃ（他人にツッコミを入れてもらえる能力）を持っている

人間は、反論の余地のない完璧なものに対しては、嫉妬《しっと》はしても親しみを感じることはありません。あまりに完璧に見える人材は周囲から恐れられ、人が寄り付かなくなり、業務に必要な情報すら集められなくなるケースもあります。

ライフネット生命保険株式会社の創業副社長である岩瀬大輔さんは、開成から東大に進み、在学中に司法試験に受かるも弁護士にはならず、ボストン・コンサルティングやリップルウッドを経て、ハーバードＭＢＡにて、日本人としては４人目となる上位５％の優秀な成績（ベイカー・スカラー）を取得した、まさに「完璧」な経歴の持ち主です。

そんな彼は、他人から「完璧な人材」として見られることのリスクを十分に把握しており、著書やブログで「つっこまびりてぃ（他人にツッコミを入れてもらえる能力）」の大切さを訴えています。

ビジネスの面白さは、周囲に多くの味方をつけられる凡人が、完璧な天才にしばしば勝つことにこそあります。完璧であることよりも、**「他人が笑って許してくれる弱点」を持つことで、周囲の皆から愛されること**こそ、成功にとってなくてはならない要因と言えそうです。

鉄鋼王アンドリュー・カーネギーの墓石に刻まれている言葉は、こうした考察が決して新しいものではないことを教えてくれます。

「己より優れた部下を持ち、共に働ける技を知れる者、ここに眠る」

孤独に耐えられること

経営の近くに行ける人材は、物事を自分の頭で考えることができる人材です。あたりまえのようですが、物事を自分の頭で考えるということは、周囲の「流れ」に身をまかせて生きるのをやめるということであり、「空気」に従わない強さを身につけることです。これは、換言すれば「孤独に耐えられる」ということでもあります。

つねに同じ人と飲みに行ったりせず、自分の周囲を固定メンバーでガチガチにしてしまわないような配慮を続けると、どうしても寂しさにとらわれてしまうこともあります。

実際、孤独に耐えられる力というのは、完全に孤立していても大丈夫という意味ではありません。家族や親友など、自分の成功を嫉妬なしで喜んでくれる人々が自分を支えてくれていればこそ、他の誰かに無視されても、その痛みをあまり感じないでいられるのです。

耐えられようと、耐えられまいと、そもそも人は孤独な存在です。結局は、そうした孤独を直視して慣れるのか、孤独に恐怖を感じて逃げるのかの違いにすぎないのだと思います。

２―３　周囲の「評判」によるターゲット人材の選抜

教育ターゲット人材の選抜においては、過去の経験や実績、２―２で取り上げたパラメーターやコンピテンシー(注)テスト結果などはもちろん参照するのですが、最も重視すべき項目は、その人材の「評判」だという点は、今一度強調しておきたいです。

（注）コンピテンシーという言葉は、その測定や育成の難しさから、人材育成の現場では一時的なブームとされることもあるようです。しかし使う言葉はなんであれ、企業における人材育成の目的が、コンピテンシーという概念の登場以降、「業務知識の増加」から「行動の変化」に向かったことは間違いないでしょう。

言うまでもなく、評判というのはノイズが乗りやすい不完全な指標（フィルター）です。

しかし、コンピテンシーテストや過去の実績も、人材の選抜にとってはかなり不完全で信用のできない指標（フィルター）です。

どちらも不完全なら、双方の良いところ、悪いところをそれぞれ補い合うような使い方を模索しなければならないでしょう。ところが、目標管理制度の流行以降、人材の評価には客観性が求められるべきだという建前論が広まり、評判による人材の選抜というのは、実際には最も広く用いられているにもかかわらず、それを正面から推奨するような論評を見ることはほとんどなくなりました。

個人の評判の形成とは、ずばり個人ブランドの形成であり、そのためには長期に及ぶかなりの配慮が必要なのにもかかわらず、その崩壊は一瞬にして起こります。評判の良い人材というのは（もちろん例外もありますが）、基本的に自分の責任範囲を超えて、周囲の皆のために自分の何かを長期間にわたって犠牲にしてきた人材です。もちろん、そうした犠牲は自分の個人ブランドを高めるための「投資」なのですが、自分への長期投資すらきちんとできない人材が、企業ブランドのための長期投資ができるはずもありません。

さらに現実問題として、それなりに結果は出すものの周囲の評判が良くない人材を昇進させることはそうそうできないでしょう。こうした人材は、目標を正しく設定しているときだけは機能しますが、目標が現実と合わなくなったり、自分で自分の目標を設定しなければならなくなると、とたんに問題児になります。

ここらへんの話も、結局はリーダーシップにおける利他性の問題にリンクしています。

コラム2　自分を、あきらめない。

今から100年以上前に、心理学者のウィリアム・ジェームズによって明らかにされた理論によると、人間というのは、本来持っている能力の20〜30％程度の力を発揮するだけで仕事をクビにならない程度のパフォーマンスを出せるそうです。

ここで問題なのは、普通は自分の能力の限界に挑戦するような機会というのはそうないものなので、多くの人にとって、今現在の自分が、いったい能力の何％ぐらいを発揮できているのかがまったく解らないことです。

日本は何かと減点主義的ですから、過去のいくつかの失敗によって、自分の可能性を過小評価しているケースも多いのではないかと思われます。

とくに「能力給」という言葉が植えつけるイメージは、人間の成長にとってマイナスです。昨今、成果主義的な概念が世間で広く理解されるようになったことにより、「自分の給与＝自分の能力」といった誤解が生じやすくなっているのは無視できません。

あたりまえのことなのですが、給与とはあくまで「労働の対価」なのであって、能力そのものを表してはいないのです。たとえば、ある大学生アルバイトの現在の時給が１０００円であるからといって、その大学生が持っている本来の能力がそれぐらいの価値しかないというわけではないのは明らかでしょう。

ところが人間というのは、長いこと同じ職場で同じような仕事をしていると、そうした状況にある自分自身を肯定するために、「自分の能力では、今の仕事ぐらいがちょうど良いのだ」と考えるようになってしまうものです。

もしかしたらそれは、本当の能力のたかだか20％程度しか必要としない仕事かもしれないのに……。

自分を、あきらめない。

自分の能力を出し切るためには、まず自分で自分の可能性を信じてあげることが重要だと思います。さらに弱気になりがちな自分を、「君の能力は、そんなものではない」と叱咤激励してくれる家族や友人の存在が絶対に必要です。

経営という文脈では、**どこまで個々の社員の潜在能力を引き出せるか**が会社の業績を左右するのは明らかなことです。

社員を勇気づけ、成長の手助けをすることで会社の業績を伸ばしていくような経営が、私の理想です。

第3章　いつ育てるのか（タイミングを外さない育成）

面白いことがひとつ増えれば、そして、やり遂げたことがひとつ増えれば
なおのこと、そのたびにあなたの生きる力が増す。

ウィリアム・ライアン・フェルプス（アメリカの教育者）

３―１　年単位のタイミング計測（組織内の地位と人材育成）

人材育成の理論では、ビジネスパーソンに求められるスキルには、少なくとも「技術スキル（Technical Skill）」「対人スキル（Human Skill）」「概念化スキル（Conceptual Skill）」の３つがあるとされています。

技術的なスキルとは、必ずしも理学や工学、ＩＴなどのテクノロジー分野に限らず、特定の業務を遂行するのに必要な知識や技術、特殊な機械や道具を使いこなすスキルなどもこれに含まれます。より一般には、専門知識と言い換えることが可能です。

対人スキルとは、時に衝突することがあっても、長期的に他人とうまくやっていくことができる力のことです。他人のモチベーションに配慮して、それに良い影響を与えることができる力や、リーダーシップなどもこれに含まれます。社交性もこれに含まれるかもしれません。

概念化スキルとは、複雑な物事をシンプルに理解する力のことです。一見、カオスに思える物事の中に何らかのルールを見出《みいだ》したり、何の関係もなさそうな複数の事象の中に共通項

図7

必要とされるスキル(理論)

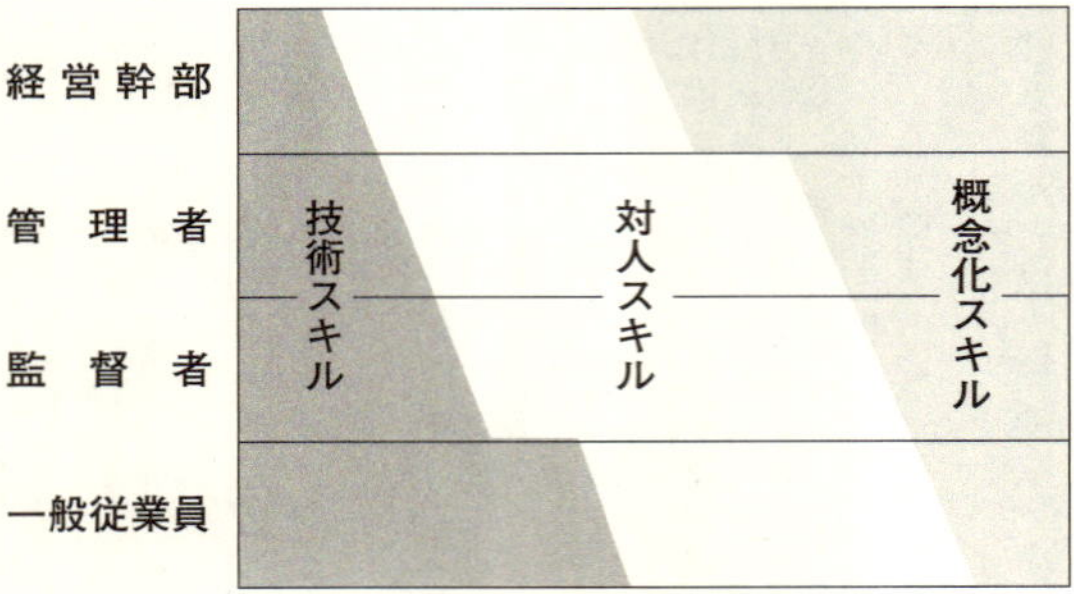

を見つけ出したりするスキルもこれに含まれます。編集力ということもできるでしょう。

これら3つのスキルの「配分」は、組織内部での地位の高低によって異なることが知られています。図示すると、上のようになります（図7）。

当然の結論として、スキルの育成は、対象となる人材の組織内での地位に依存するのです。たとえば、日々、現場での仕事が求められる一般従業員には高い技術スキルが求められ、経営幹部には複雑な物事をシンプルな概念として捉《とら》えるスキルが求められるのは直感でも理解できるかと思います。

ここで見逃せないのが、立場によらない対人スキルの重要性です。どんな仕事をするにせよ、組織での仕事にはチームワークが求められ、優れたチームワークを生み出すための必要条件が対人スキルだからでしょう。

　とくに中間管理職層には、より高い対人スキルが求められるというのは、拙著『はじめての課長の教科書』（ディスカヴァー・トゥエンティワン、２００８年）でも考えたとおりです。

　さて、現代社会の大きな変化を牽引《けんいん》しているのはテクノロジーです。この変化を乗り切れるかどうかは、ひとえに新しいテクノロジーに適応できるかどうかにかかっていると言っても過言ではないと思います。

　メールすら満足に使えない経営者が、いかにダメであるかを考えれば明らかなとおり、経営幹部らしく概念化スキルを発揮するにも、テクノロジーの基礎知識がないとどうにもならない時代に入りつつあります。

　ここで紹介したモデルでは、経営幹部に求められる技術スキルはわずかなものとして表現されていますが、現代という時代は、経営幹部であっても高い技術スキルが求められるという時代認識がとても重要です。

　経営幹部であっても、人脈にばかり配慮するのではなく、きちんと最新の技術をフォローできるだけの技術力を身につけている必要があります。

3―2　月単位のタイミング計測（やる気・スキルと人材育成）

広く知られている人材の分類方法に、「Will-Skill Matrix」というものがあります。「やる気（Will）」と「スキル（Skill）」の2軸で、「部下のポートフォリオ」を把握するためのフレームワークです（図8）。

図8

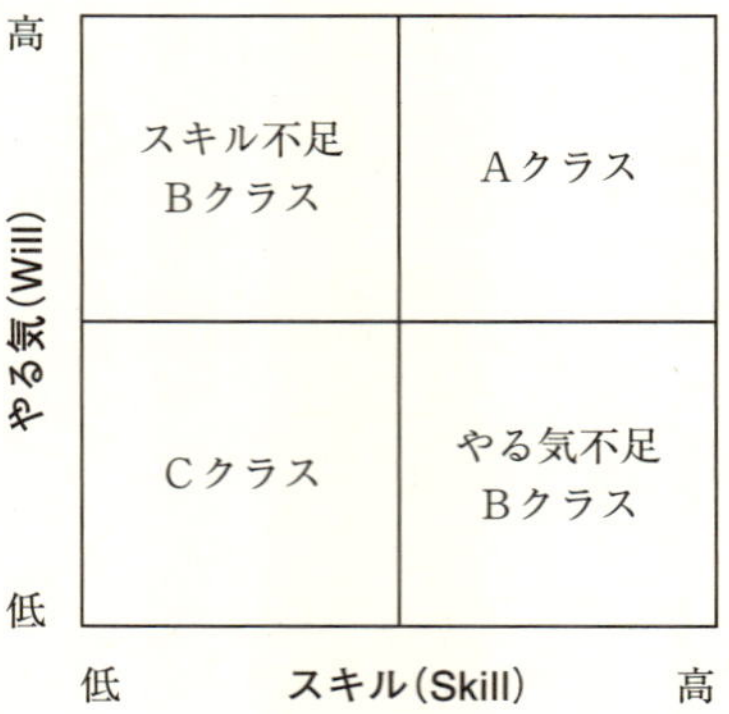

このフレームワークは、個々の人材を大雑把に把握するのにとても役に立ちます。しかし分類後に「だから?（So what?）」と聞かれると、その続きが具体的には出てこないという弱点も持っています。このWill-Skill Matrixで、人材の状態を把握しただけでは、人材への関わり方を細かく定めるには不十分なのです。

都合の良いことに、Will-Skill Matrixには、非常に親和性の高い別のフレームワークが存在します。このフレームワークは、「状況対応リーダーシップ・モデル」と呼ばれるもので、先の Will-Skill Matrix における「だから？（So what?)」の弱点をきれいに解消してくれます。

図9

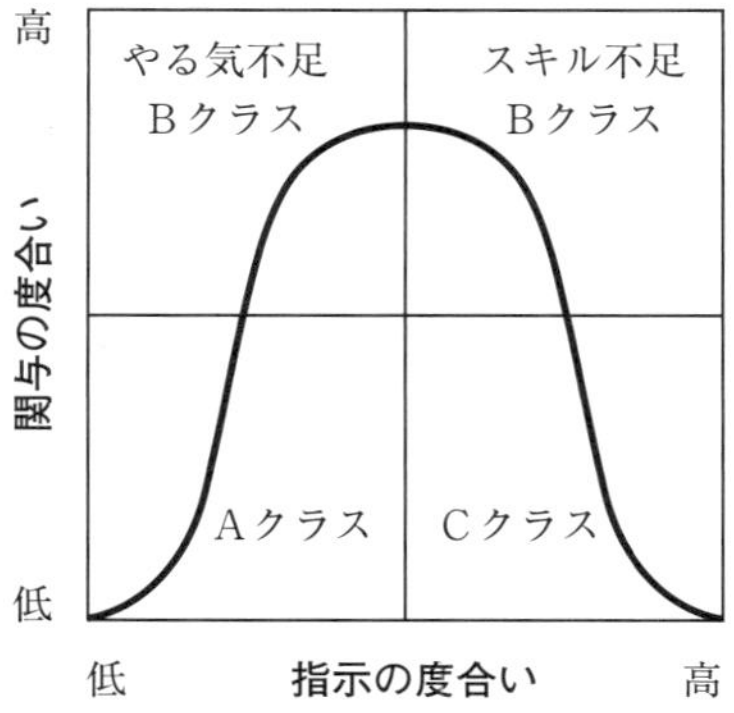

人材育成において採れる具体的なプログラムは、大きく分けて人材の仕事（責任）への「関与の度合い」を強めるものと、人材が採るべき具体的な行動への「指示の度合い」を強めるものの2つがあります。

「関与の度合い」を強めるということは、二人三脚的な形で、一緒に仕事のやり方を考えていくという、コーチングに近い発想です。このアプローチは、パフォーマンス・コンサルティングと呼ばれることもあります。

これに対して「指示の度合い」を強めるということは、トップダウン的なアドバイスや命令を増やすということです。どうすべきかということを、マニュアルやチェックリストといった形式で詰め込むような人材育成です。

この「関与の度合い（コーチング）」と「指示の度合い（アドバイス）」のあるべきバランスは、先のWill-Skill Matrixの結果を利用することで、上手い具合に把握（図9の太線に注目）することができます。

Aクラス人材には、関与も指示もほとんど必要ありません。権限を委譲してしまうのがWin-Winです。しかしAクラス人材といえども調子に波はあります。時にはやる気が失われたりもするので、そんなときは関与の度合いを少し高めてやるのがいいでしょう。

スキルは高いのに、やる気を失ってしまっているBクラス人材には、そこそこの指示と高い関与が求められます。やる気が生まれてくれれば、この人材はAクラス人材にランクアップします。

やる気はあるのに、スキルがついてこないBクラス人材には、多くの関与と指示が求められます（最も手がかかるとも読める）。この人材は「自分はもっとやれる」と考えているので、「ああしろ、こうしろ」という指示が多いと、スキルはついてもやる気は失われるでしょう。十分な指示によってスキルをつけた人材は、「スキルはあるがやる気が失われている人材」にランクアップします。

ちなみに、入社3年目程度で辞めてしまう若手が多いのは、このスキル取得のための「つまらない学習」が耐え難いからだと個人的には考えています。部下のやる気を犠牲にしても、ある程度は強制的に仕事を教えなければならない時期は、関与や指示ばかりでなく、「ガス抜き」などを上手くアレンジする必要もあるでしょう。

ここで**「ガス抜き」の基本は「笑う機会を増やすこと」**にあります。

人間の自律神経には、不安、怒り、緊張などが生じたときに活性化する「交感神経」と、安らぎなどを感じたときに活性化する「副交感神経」があります。このバランスが交感神経のほうに傾いているときにストレスが発生し、副交感神経のほうに傾いているときにストレスが発散（ガス抜き）されるそうです。

そして「笑う」という行為には、このバランスを副交感神経のほうに傾ける作用があることが知られています。アランも『幸福論』の中で「笑うのは幸福だからではない。むしろ笑うから幸福なのだ」と述べています。

生物学的には、「笑う」という行動のルーツは「毒を吐き出す時の口の形」という説もあるぐらいです。

また、スキルもやる気もないCクラス人材には、関与ではなくて指示が必要であることは直感でも理解できると思います。与えられた指示に従って、仕事の結果が出せるようになれば、Cクラス人材もやる気を回復させます。これによってCクラス人材は一段上の「やる気はあるのに、スキル不足なBクラス人材」にランクアップすることが可能です。

ここまでの考察から導き出される人材育成のステップを、Will-Skill Matrix 上に示してみます（図10）。

図10

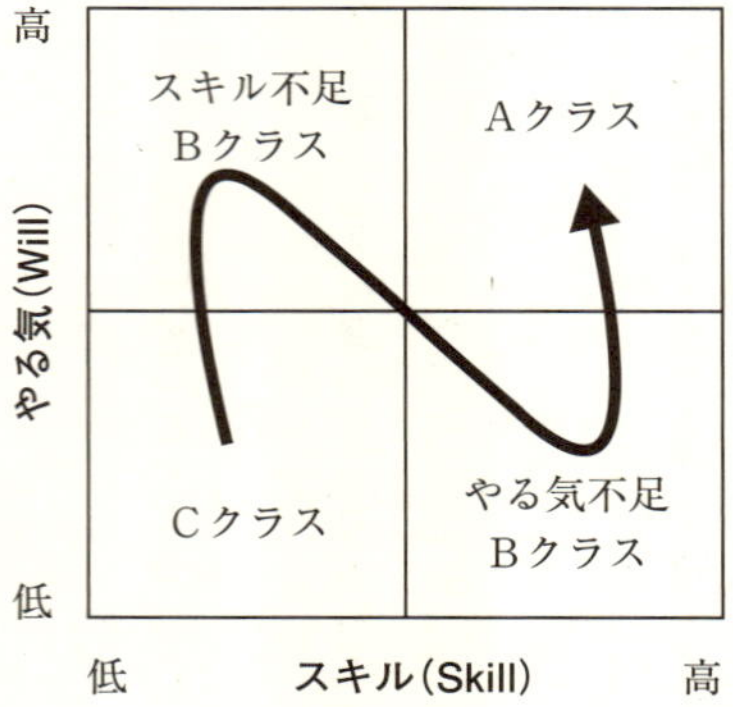

このモデルが教えてくれる大切なポイントは⑴特定の人材の育成には、よく考えられたステップを踏む必要があり、⑵実務的なスキルを身につけさせるには、やる気が犠牲になることがあり、⑶育成対象となる人材のマネージャーや人材育成の担当者には、育成対象の人材に対して適切な指示を与えられるだけの実務的なスキルが求められる、という3点にまとめることがで

きます。

ここで⑴の「よく考えられたステップ」は、さらに３つの具体的なアクションにブレークダウンすることができます。

1　適度に難しく、解りやすい課題を与える
2　実行した結果に対して、素早いフィードバックがある
3　何度も繰り返すことができ、誤りを修正する機会がある

しかし、この３つのアクションをいつもすべて満たすことができるような職場が少ないのは解りきったことです。そうした機会の不完全性の補完には、ケースメソッド（詳しくは190ページ、7―8を参照）が威力を発揮します。

3―3　イベント・ベース（スポット介入の人材育成）

人材育成には、さまざまなイベントに応じて「今ここで介入すべき」という瞬間がありま

す。この瞬間のことを、教育学ではとくに「教育的瞬間」と呼びます。
企業活動における教育的瞬間としては、以下のようなものが挙げられます。

○内定から入社3年目程度までの新入社員期間
○新しいメンバーで新規プロジェクトが立ち上がるとき
○出世や異動の前後
○人材が仕事に行き詰まり、途方にくれているとき
○人材同士のぶつかり合いが度を越えてしまったとき
○中途入社の入社前から入社後3ヶ月程度の期間
○退職の前後

この中で、とくに解りにくいと思われるのは、最後の「退職の前後」でしょう。この点は比較的新しく、今後ますます重要になってくる分野なので、もう少し説明を加えておきます。

出戻り人材の活用が必須になる

日本で一般に膨らむ閉塞感と焦燥感に後押しされるかたちで、転職は今後もっとあたりまえのことになっていきます。とくに優秀な人材は、ヘッドハンターから声がかかるだけでなく、自分で転職先を見つけるのも容易なので、より良い報酬やチャレンジの機会を求めてどんどん転職をしていってしまうでしょう。

それに対抗して、次から次に別の優秀な人材を採用できるかというと、これはまったく違った話になります。団塊世代の定年退職と少子化により、労働者人口は今後も減り続けていきます。それだけ企業が求めるような優秀な人材の数も減っているわけです。選択肢としては、**一度自社を退職していった人材を「積極的に呼び戻す」というアクションが無視できなくなってきている**のです。

出戻り人材の活用に関しては、極端に人材の流動性が高いシリコンバレーのケースが参考になります。

これは私がシリコンバレー出身の元エンジニア（現在はストックオプションの権利行使によって引退生活中）から聞いた話なのですが、その方が勤務していた企業は、自社を退職していく人材を、将来の即戦力候補として一人一人リストアップして、とても丁寧にフォローしていたそうです。具体的には、自社を退職した人材の過去の人事評価をすべて保存しつつ、退職後の情報もできる限り取得するように努めていたというのです。

この企業は、出戻り組に寛容な文化を形成していたばかりか、出戻りを促進させるような工夫もいろいろとしていたようです。たとえば、「退職前に仲の良かったあなたの同僚が、今は社内でどんな活躍をしているか、一度会って話をしてみませんか?」という感じで、「話だけなら……」という気持ちにさせ、つい引き込まれるようなアプローチを行っていたそうです。

この会社では、(少なくとも建前上は)出戻りであることが出世に不利に作用したりはしませんでした。実際に出戻りを経験しつつ役員にまで出世した人材がいたそうです。

出戻り人材というのは自社の企業文化を熟知しているのみならず、同時に他社の良い文化も学んだ人材です。出戻り人材によって、他社の優れた企業文化がスムーズに還流されることは、自社の企業文化を停滞させないために、とても有効な手段ともなり得ます。

退職していく人材は、自社の「卒業生」である

あるビジネスパーソンのことを評するとき、どこの企業の「出身」という表現を使います。

このとき、この人材が優秀であれば、出身の企業の評判も上がりますが、逆にこの人材がダメであれば、出身企業の評判も「育成がなっていない企業」という意味で下がります。**企業というフレームには、単に営利団体という性格を超えて、現代では生涯学習を支える「学校」としての機能が期待されてきています。**この意味では、自社を退職していく人材というのは「卒業生」なわけで、育成担当者には、恥ずかしい人材をそうそう社外に出せないという意識が求められます。

退職者を実際に卒業生としてフォローしている企業としては、楽天、リクルートとマッキンゼーがとくに目立ちます。この3社は、人材輩出企業としての尊敬を集めていると言って良いでしょう。

楽天では、社誌『楽天MAGAZINE』などで退職者のその後をフォローしたりしています。また楽天の退職者たちも卒業生限定のグループ「元楽会」を作っていたりして、多くの退職者が退職後も楽天という「学校」を愛していることが伝わってきます。

リクルートには、そもそも最長3年という時限付きの職種「キャリアビュー（CV）」があって、「卒業生」をどんどん生み出す仕組みを持っています。このCV職に就いた人々は、3年後に起業などの次のステップの軍資金として100万円をリクルートからもらえます。さらに卒業生限定のグループ「ＭＲ会（元リク会）」が存在し、ここから多くのビジネスが生まれているようです。

そしてマッキンゼーの場合は、「マッキンゼーマフィア」という言葉が存在するほどに、その卒業生のネットワークがビジネス界を仕切っていることで有名です。公式なホームページでも堂々と「卒業生」という言葉を使い、会社として退職者たちの活躍を喜んでいるばかりか、最も活躍した卒業生が現役のコンサルタントたちから表彰される制度まで存在します。

退職者は本当に「裏切り者」なのか？

自社を飛び出し、社外で学ぶ「越境経験学習」の研究では、たとえば社外の勉強会に参加している人は、いろいろな人に出会うことによって自社の常識を疑う力をつけ、自分の成長を実感する傾向があることがきちんとした調査結果として解っています。転職をして、これまでの常識はもちろん、社内人脈がまったく通じない世界で「やり直す」という経験が、人間の成長にとって重要なのは間違いないと思います。

ところが、自社を退職していく人材というのは、これまでの日本では「裏切り者」でした。私も一番初めに勤務した企業を退職したとき、公式にはお別れ会すら開いてもらえず、とても寂しい思いをしました。退社日に、参加者の皆が他の社員から隠れるようにして行われた非公式なお別れ会の場で、ずっとご年配の方がつぶやいた一言が今も記憶に残っています。

「共に戦った人間をこんなふうにしか送り出せないわれわれは、良い社員かもしれないが、良い人間ではない」

われわれは、良い人間であることと、良いビジネスパーソンであることが両立しないような環境にいても幸せになることはありません。人材育成の担当者は、今一度、企業理念に立ち返り、理念達成と従業員の幸せのリンクを見直すべきでしょう。

退職者研修という新しい発想

退職者に対して、「これまで一緒にいてくれてありがとう」という気持ちを示すのが人として大切なことであるのと同様に、「次の職場ではもっと活躍してほしい」という意味もこめて、自社に転職してくる中途採用者向けに実施している研修のうち、転職者一般に適用できる部分については、自社を退社していく人材に対しても実施するべきではないかと考えています。

ここにかかる費用は、単なる損金ではなくて、自社ブランドを高め、人材確保が困難な時代に出戻りを増やすための正当な投資です。

コラム3　経験学習のモデル

人間の学びは、その70％までもが経験によると言われます。では、経験はどのようにして学びとなるのでしょうか。

組織行動学者、デービッド・コルブ教授（ケースウエスタンリザーブ大学）は、人が経験から学ぶときのプロセスを4ステップのモデルとして表現しています。これは「学び方を学ぶサイクル」としてとても有名なモデルで、リーダーシップ研修や人事考課のデザイン、キャリア・カウンセリングなどにも応用されています。

コルブ教授によれば、学習とは知識創造のための絶え間ないプロセスであり、なにかの結果を指し示す言葉ではありません。このプロセスを、コルブ教授の著書をベースにしてわかりやすく図示すると、次のようになります（図11）。

実践のステップ

経験学習は「なにはともあれ、やってみる」という、よく言えば「腰の軽さ」、悪く言えば「浅はかさ」から始まります。自分にとって経験のないことにチャレンジするには、何らかのリスクがあります。しかし、そうしたリスクを取らない限りは、経験学習は始まりません。

ザリガニのはさみで指をはさまれたり、高いところから飛び降りてみて足をくじいたり、塾に行ってみたり、部活に入ってみたり、告白をして振られてみたり……。子供のころの経験学習を思い出せば明らかなとおり、このプロセスのドライバーは広い意味での「好奇心」です。**伸びる人材の共通要件に好奇心が入ってくる**のは、好奇心の強い人材は、この実践のプロセスにおいて他人よりも優位になるからだと思われます。

とはいえ、実践の結果が失敗ばかりだと誰でも萎縮《いしゅく》してしまいます。実践の結果としては、それなりに成功体験がなければなりません。この点に関しては、「バックワード・チェイニング」の項（126ページ）を参照してください。

図11

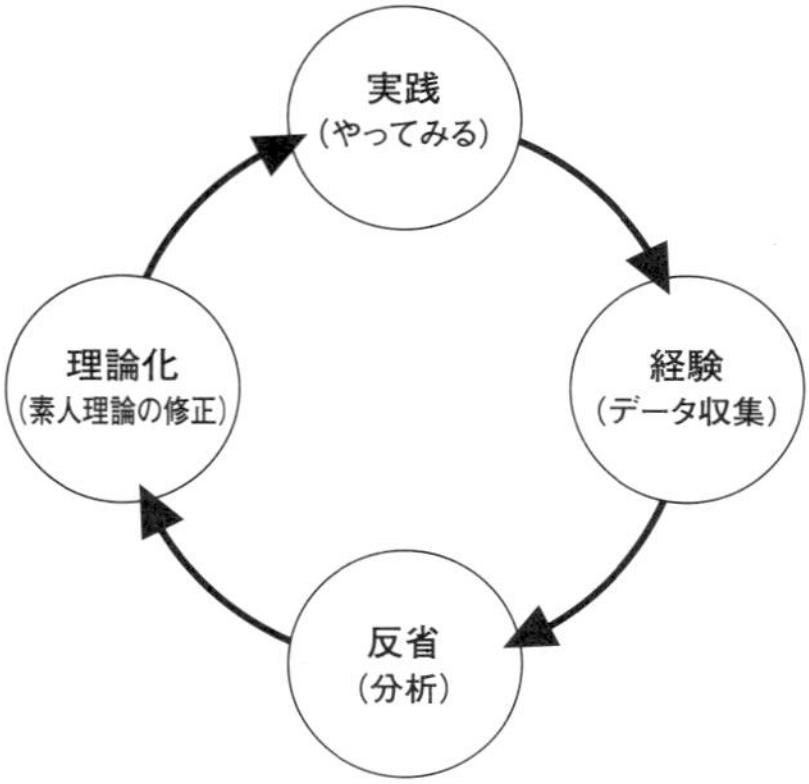

出典：David A. Kolb, "Experiential Learning", Prentice Hall PTRをベースに筆者が作成

経験のステップ

なんとなく過ごすのではなくて、学ぼうとしてメモをしたり、日記をつけたり、ブログを書いたりしつつ経験を積んでいくことが重要です。意識的なアウトプットなしに経験だけ積んでも、時間がダラダラと流れていくばかりで、何も変わらなかったりします。

メモ、日記やブログは、その瞬間に学んだことを記録しておくためでもありますが、もっと大切なのは、アウトプットを意識して経験を積むと、つねに「なにか記憶しておくべきことはないか」という態度で時間を過ごせるようになることです。

この経験のステップの後に控えているのは、反省（分析）のステップなのですが、そもそも経験のステップでの気づきが言語としてアウトプット（言語化）できていないとどうにもなりません。

反省のステップ

反省のステップは、どれだけ自分を批判的に見ることができるかが鍵になります。このステップをより効果的なものとするためには、自分よりも経験やスキルの豊富な先輩からの批判をもらうことです。行動力のある人材であっても、それを詳細に振り返る機会がないと何度も同じ失敗をしたり、そもそも失敗に気づけなかったりします。ここで反省とは、自分の経験を振り返り、その行動の特性や結果を評価・分析することです。

このステップに他者からの批判を活用すると、自らは「なぜ、そうしたのか?」と問いただされることになるのですが、普通、人間は他者から自分の行動を「なぜ?」と聞かれると、そこに非難や人格否定の意味を感じとってしまいます。

他者から「なぜ?」と問われることに慣れるためには、定期的に反省会を持つことが有効です。反省会では、自分で自分の行動を振り返るばかりでなく、参加者がお互いに

「なぜ?」と言い合える雰囲気を作ることにプライオリティーを置きましょう。いずれ、反省会などなくとも「なぜ?」と問い合える職場ができるはずです。

理論化のステップ

単に反省で終わってしまうのではなく、反省したことは、「こういう場合は、こう動く（さもないと同じ失敗をする）」という行動理論の修正（素人理論の修正）という形で昇華されないといけません。

人間は、経験から独自の行動理論（素人理論）を形成し、それに従ってさまざまな判断をしているものです。こうした素人理論は、科学的には証明されていないことが多いものですが、だからこそ逆に他者にはない独自性が生まれ、ライバルとの競争優位の源泉になりうるのです。

第4章　どうやって育てるのか（育成プログラムの設計思想）

いまわれわれが重要だと思っている技能や力は陳腐化しうる。
しかし新しい技能や力を学習する能力（ability to learn）は陳腐化しない。

ラス・モックスレイ（教育学者）

４―１　自発の経験を重視する

基礎能力のまったく等しい優秀な人材、ＡさんとＢさんがいたとします。

Ａさんは、過去に自分でプロジェクトを提案し、プロジェクトの推進に必要なリソースを確保し、その実行を手がけたことがあるのですが、プロジェクト・マネジメントの理論を学んだことはありません。これに対してＢさんは、プロジェクト・マネジメントの経験はないものの、自発的にプロジェクト・マネジメントに関する書籍を多く読破し、プロジェクト・マネジメントのセミナーにも出席しています。

ＡさんもＢさんも優秀な人材ですが、経営者の視点からはＡさんのほうがより貴重な存在に思えるはずです。中途採用においても、ＡさんとＢさんであれば、Ａさんのほうを採用する企業が多いでしょう。

Ａさんの弱点は、プロジェクト・マネジメントの理論（ＰＭＢＯＫ）を理解していないことにあります。しかし理論であれば、研修に放り込んだり、課題図書を与えたりするといった「座学」によって補強することが可能です。これはコスト・マターにすぎません。

ところがBさんの場合は、弱点である「プロジェクト・マネジメント経験のなさ」を補おうとすれば、Bさんをプロジェクト・マネージャーに抜擢するしかありません。これは相当なリスク・マターであり、どうしても慎重にならざるをえないのです。

この例におけるAさんとBさんの違いは、経験と座学の違いにあり、経験のほうが座学よりも貴重であると考えられます。

これとは別に、やはり基礎能力のまったく等しいCさんとDさんがいたとします。

CさんとDさんは、ともにTOEICで高得点を取っているのですが、Cさんは自発的に勉強をして英語をモノにしたのに対して、DさんはTOEICが会社の昇進条件となっていたので、それをクリアしたにすぎないとします。

この後のことを考えれば、おそらくCさんはTOEIC高得点に満足せず、英会話や留学にもチャレンジしていくと思われますが、Dさんは海外部に配属されたり、海外勤務を命じられたりしない限りはこれ以上英語を勉強することもないし、今の英語力を維持するための勉強もしないでしょう。

この例におけるCさんとDさんの違いは、「自発と受身」の違いにあり、**ある知識を自発的に得る人材は、その知識を将来にわたって維持・拡大していく**ことが期待されるのに対して、ある知識を受身の姿勢で得た人材は、その知識の維持すら危ないと考えられます。

ここまでのAさん、Bさん、Cさん、Dさん4名の人材の観察をマトリクスで表現すると、次のようになります（図12）。

図12

	受身	自発
経験	3種	1種
座学	4種	2種

1種（自発の経験）に属する育成プログラムは、人材の自発により発動し、人材は実際の経験を通してプログラムが意図することを学ぶものです。1種の象徴的な例としては、学生の部活動が挙げられます。

日本企業の新卒採用においては、歴史的にも「部活動で何を学んだか」が大切なポイントとなってきましたが、これにはそれなりの理由があったということです。とくに、部活においてリーダーシップを学んでいる人材が高く評価されることは、おおっぴらには語られませんが、厳然たる事実といって問題ないでしょう。学生もこれを理解しており、この点をアピールしてくることが多いのも、よく知られた事実です。

部活動をせずに、受験があるからという外発的な理由で勉強することは4種（受身の座学）に当たり、これがあまり人材を成長させないことは、多くの読者が納得してくれるところだと思います。

いわゆるOJT（On the Job Training）は、人材が自発的にかかわる1種となる可能性と、受身でかかわる3種になる可能性があります。一般にOJTが高い効果を上げる場合もあることは広く知られていますが、今一度、そのOJTに「放置」されている人材が果たして自発的に仕事をしているかどうかは確認しておかないとなりません。

自発の座学（2種）と、受身の経験（3種）のどちらが優れているかは、はっきりとしたことは言えません。ただ一般論として、経営能力の獲得には経験と知識のバランスが必要であると考えられていることは無視できないでしょう。

また、受身の経験のほうが、自発の座学よりも優れているとすれば、それは「経験は、つねに座学よりもよい」ということになってしまい、私の直感には大いに反します。自発的にセミナーに参加する人材（2種）と、言われたことしかやらない人材（3種）とでは、学びの質にも差が出てくると感じます。

２種と３種における優劣の判断は読者に任せるとして、私の部署では、１種＞２種＞３種＞４種の順で育成プログラムのデザインを評価しています(注)。

（注）自発性を重視している企業として有名なのは、名著『戦略プロフェッショナル』の著者としても知られる三枝匡氏が率いるミスミが挙げられます。ミスミは、新事業を立ち上げる際のチームリーダー立候補制や、プロジェクトメンバーの社内公募制などをいち早く取り入れた企業です。

繰り返しになりますが、強制参加の研修（４種）とは、育成対象となる人材からすれば「退屈な授業」や「おつとめ研修」です。人は「教えた瞬間に学ばなくなる存在」なのですから、**人材育成のデザインは「教えずに学ばせる」ことをめざさなくてはなりません。**

４―２　規律と動機付けに配慮する

ボストン・コンサルティング・グループ（ＢＣＧ）は、強い組織の条件として「規律」と

図13

〝規律〟と〝動機付け〟の２軸で組織を考える枠組み

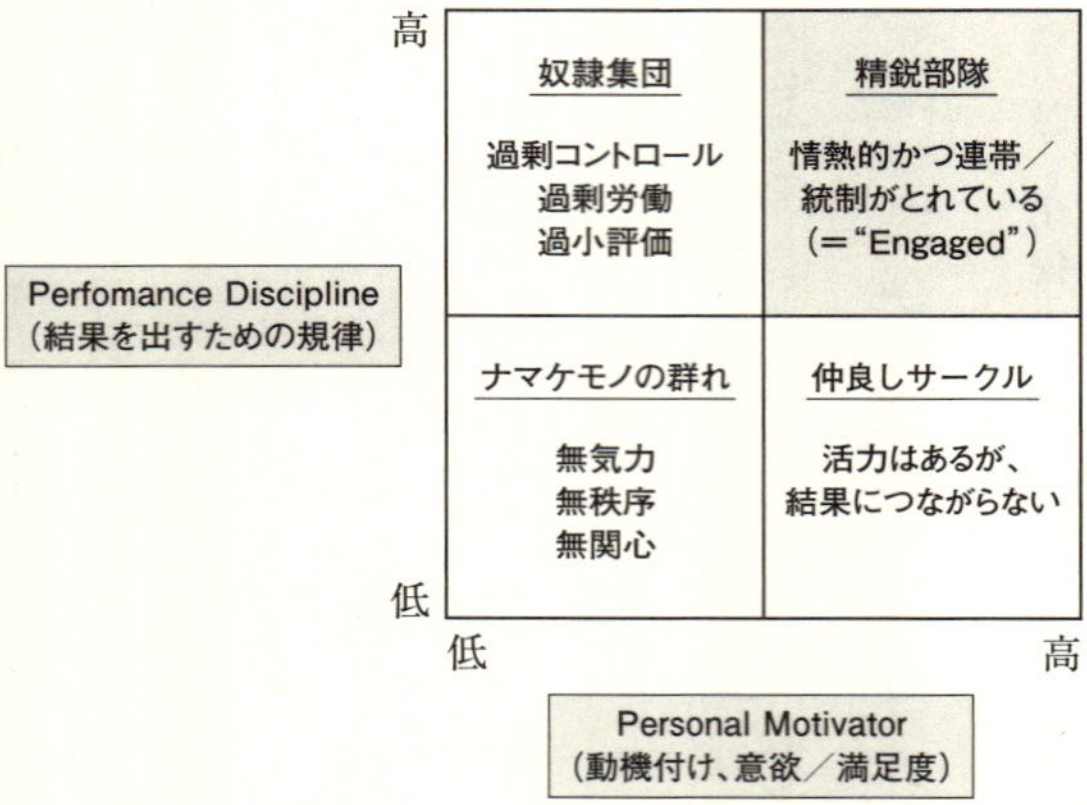

出典：ボストン・コンサルティング・グループ

「動機付け」の2点を取り上げ、上のようなマトリクスによる測定・管理を提案しています（図13）。

「規律」のコントロールに優れた組織は、緊張感がすべての従業員の間で共有されています。

人材育成の文脈では、現時点の能力や成果だけでなく、「ベストを尽くしているか」と人材の成長率を厳しく問う必要があります。成長をつねに意識させることは、組織と個人に緊張感を与えます。逆に言えば、**緊張感のない組織に成長は**ないと言っても過言ではありません。

「動機付け（モチベーション）」のコントロールに優れた組織は、従業員の満足度が高まり、離職率が下がります。

人材育成の文脈では、厳しい環境であっても成長を実感してもらうことによって、モチベーションの問題に切り込んでいきます。また、高橋俊介教授（慶應義塾大学）は、とくに20代の若手の場合は、成長の実感よりもむしろ、今の仕事によって自分が将来どれぐらい成長するのかという「成長の予感」のほうがモチベーションにとって重要であることを調査結果によって明らかにしています。

企業に人材育成の文化を根付かせることが、若手の離職率を下げることにも結びついているのです。

4―3　ミラーニューロンを意識して「学ぶ社風」を作り出す

脳内の神経細胞ミラーニューロンは、生物学におけるDNAの発見に匹敵するとさえ称される、人間の理解にとって非常に重要な物質です。ミラーニューロンとは、自分の行動と、目撃している他人の行動を区別せずに、どちらの場合にも自らを活性化させる神経細胞です。

たとえば、床に落ちているゴミを自分で拾う場合も、そのゴミを他人が拾っているのを見た場合も、どちらの場合でもミラーニューロンは活性化します。

このように他者の行動が自分のミラーニューロンを活性化させるのは、その他者の行動の意味を理解し共感したり、模倣によって自分が新たなスキルを修得するために重要であると考えられています(注)。

(注) 模倣は学習のために行われるだけでなく、自分と他者の間により深い結束や親密感を生み出し、結果として集団の「一体感」を高めるためにも行われるという指摘があります。「仲の良い夫婦の顔は似てくる」という俗説にも、ミラーニューロンが深く関わっていると考えられています。

たとえば、社会人学生がビジネス・スクールのMBA課程で学ぶのは、経営学の知識だけでなく、世界各国から集まるビジネスリーダーたちとの交流を通して「MBAらしく振る舞う」ことです。ここにミラーニューロンの働きがあることは、容易に想像できます。

「朱に交われば赤くなる」

ビジネス・スクールでなくとも、積極的に学ぶ人々の姿が直接見られる職場では、ミラーニューロンの働きによって多くの人材が自動的に学ぶようになるはずです。

ちなみにビジネス・スクールには「学びの共同体（learning community）」という概念が定着しています。安易な「正しさ」を追い求めるのではなく、「議論を豊かにしよう」という発想が空気として存在するのです。ビジネス・スクールでは、教室ではすでに議論が終わったケースなどに関しても、クラスメートとバーに場所を移してさらに議論を続けるようなことが毎日のように起こります。不十分な議論をして満足するのではなく、他者と協力しつつ議論を深めることに喜びを感じられることがビジネス・スクールのすばらしさであり、これは是非とも企業に持ち込みたい文化です。

こうして社内に学びへの情熱を持った人材が増えてくると、従業員同士が自発的に勉強会を開いたり、図書を推薦しあったり、研修の提案を持ってきてくれるようになります。ミラーニューロンの効果によって、**学びへの情熱のパンデミック（大流行）を起こすことができれば、人を育てる社風は、比較的短期間でも醸成できる**と考えています。

4—4　対話の機会創出を重視する

ハイ・パフォーマーに見られる行動の特性（コンピテンシー）を抽出し、それを他の社員へも浸透させるという教育戦略は、定義や名称の違いはあれ、現代の人材育成の現場における中心軸と言ってもよいでしょう。

この文脈における教育効果の測定は、人材育成プログラムが、そのプログラムの対象となった人材の「知識を増加させたか？」ではなくて、あくまでも「行動を変化させたか？」という問いに答えるような形式でなければなりません。

では、このように誰かの行動を変化させる、いわば「コンピテンシー教育」にとって最も本質的で重要なツールは何なのでしょうか。この問いに一つの力強い解答を与えているのが中原淳准教授（東京大学）と長岡健教授（産業能率大学）の共著『ダイアローグ 対話する組織』（ダイヤモンド社、２００９年）です。

この本によると、対話とは、（1）共有可能なゆるやかなテーマのもとで、（2）聞き手と話し手で担われる、（3）創造的なコミュニケーション行為です。雑談、対話と議論は、似ているようでいて違います。同書の定義を借りれば、以下のように示せます。

「雑談」＝〈雰囲気：自由なムード〉＋〈話の中身：たわむれ〉
「対話」＝〈雰囲気：自由なムード〉＋〈話の中身：真剣〉
「議論」＝〈雰囲気：緊迫したムード〉＋〈話の中身：真剣〉

新たなハイパフォーマーが組織に加わると、その周囲の人材の行動が変化することに気がついている人は多いと思います。しかしその原因が、ハイパフォーマーと周囲の人材との間で起こる、自由なムードで交わされる真剣な話（＝対話）にあるということは、新鮮な気づきではないでしょうか（注）。

（注）対話の機会だけでなく、周囲の人材にとっては、身近にロールモデル（良い手本）が現れるという意味もあるでしょう。これを真剣に考えれば、ハイパフォーマーをどこに座らせるかというオフィス設計面からの人材育成アプローチも今後真剣に検討されなければなりません。

もっと一般化してしまえば、人間の成長には「まじめに物事を楽しむ態度」が必要だということです。この態度が、人間を多くの対話に向かわせ、成長の機会を増やす結果になるからです。**シリアスに緊迫しすぎず、同時にまじめさを失わないというバランス感覚こそが重要**なのです。

居酒屋での雑談では真剣さが足りず、会議室での議論では協調的な問題解決が困難であるとするとき、そこに新たに見出されるべき「対話」という第3のコミュニケーション・スタイル。明日からでも実践できる、とても優れた理論です。

4―5　あるべき人材像（目標）を明確に示す

定義できないものは、測定できません。そして測定できないものは、管理できないのです。言うまでもなく、求める人材を正確に言語化するのは困難です。さらに言語化されたものを測定可能な形式にするのも、実証的にはかなり絶望的な作業だと言わざるを得ません。

しかしだからと言ってこれを放棄してしまえば、人材育成は目的地のない旅（しかも高くつく）に終わってしまうでしょう。目的地がなければ、人材育成を担当する部門は、各ライン部門の管理者に言われるがままに研修を提供するばかりで、そこに主体性など発揮できるはずもありません。

「どんな能力を鍛えれば、この会社で認められる存在になれるのですか？」

若手の人材にそう聞かれて、即答できるものが準備できていない会社は、長期的にはその地位を弱めていくことになります。なぜなら、求める優秀さの定義すら怪しい会社には優秀な人材を育てる力がないばかりか、人材からすれば自分の大切なキャリアをそうした会社に預けるリスクが高すぎるからです。

繰り返しますが、ここで取り上げた若手からの質問に答えるのは難しいです。しかしだからこそ、この問いが示すところが、競争優位の源泉が眠る最後の鉱脈とも言えるでしょう。

私は、フリービットの取締役である栗原理と共に社内外のハイパフォーマーを観察し、そこから「フリービットのマネージャーに求められる行動の特性（コンピテンシー）」を明らかにしました。この内容は完全なオリジナルであるため、フリービットにのみ適用できる部分もあるでしょうが、ベースとなっている部分は、プロジェクト・マネジメントに関する知識体系（ＰＭＢＯＫ）やリーダーシップ理論など、広く受け入れられているものを応用しています。

内容は、「マネージャーは何のために存在するのか」というマネージャーの機能面に着目し（ファンクショナル・アプローチ）、高機能なマネージャーを定義していくという方針で作り上げました。ファンクショナル・アプローチによって、明らかにされたコンピテンシー群には、必要十分な網羅性があると考えています。

ちなみに建築家ルイス・ヘンリー・サリヴァンの言葉に「形態は機能に従う（form follows function）」というものがあります。彼のこの言葉は、建築のみならず、人材育成における「あるべき姿」の物事のデザインであっても参照すべき重要なものです。

マネージャーの機能

まず、マネージャーとは「理念実現のために、組織長として部下を従え、必要に応じて利害の異なる社内外の人々と連携しつつ、経営者により与えられる組織目標を実現する者」と定義しました。この定義を図示すると、次頁のようになります（図14）。

これにより明らかにされたのは、マネージャーに求められる５つの機能でした。

図14

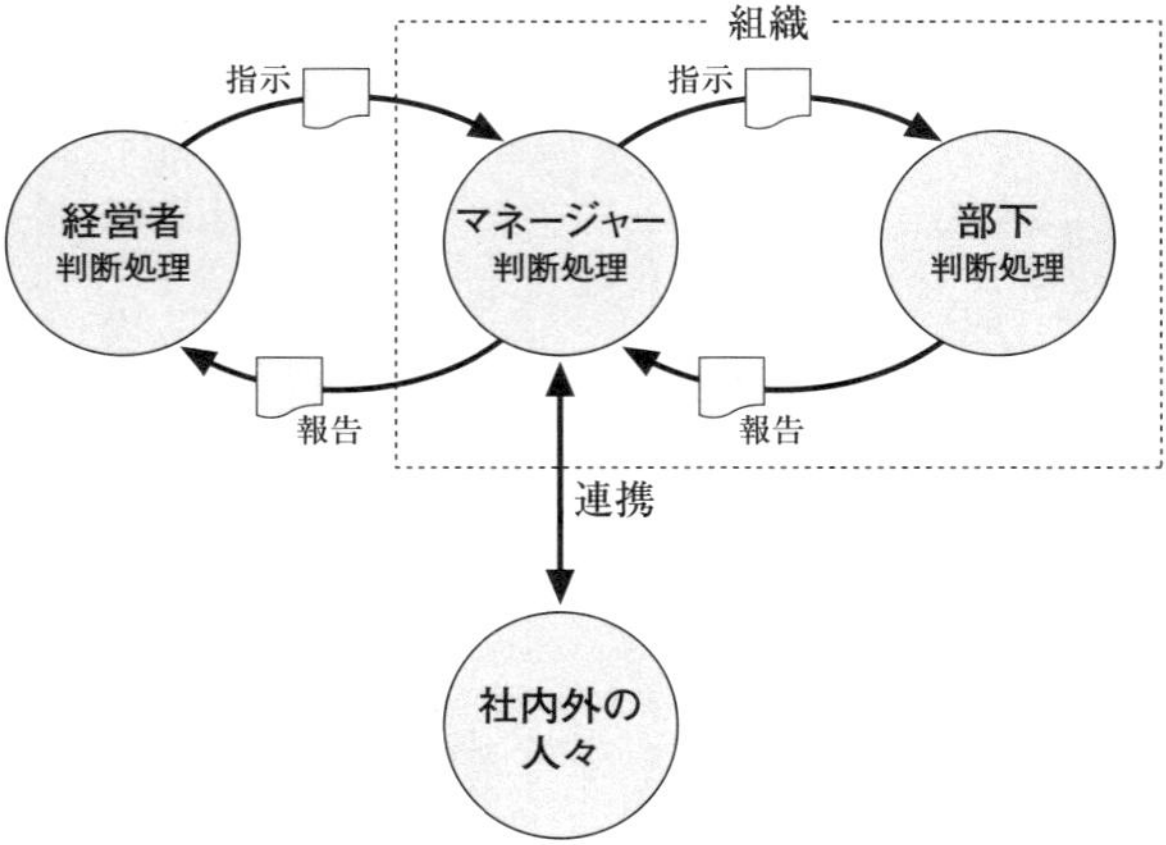

（注）このコンピテンシー・ポートフォリオをまとめるにあたって私がとくに注意したのは、個別のスキルはロジカル・シンキングによって抽出するものの、その重要度の決定や選択に関しては、栗原や創業経営者のエモーションを重視することでした。数値化よりも、求められるスキルの言語化のほうがクリティカルであり、ちょっとした言葉の使い方にも細かいノウハウが込められています。エモーションも時間とともに変化するので、いったん言葉が決まったと思っても、複数回にわたって確認や微調整を行っています。

機能1：個の力（組織長としての正当性）

まず、マネージャーは個人として⑴人望があり、⑵知識と経験を有していないと、組織長としての正当性を周囲に示すことができません。

組織長として周囲をひきつけるための「高い人望」を形成しているコンピテンシーとして抽出したのは、次の3つです。

○現状（is）ばかりでなく、どうあるべきか（should）についてのビジョンを持っている
○自分の責任範囲を超えて、全体のために「善いこと」をする気力が充実している
○他の皆があきらめるような最悪な状況でも、ポジティブに、笑顔で前進することができる

組織長として周囲から認められるだけの「十分な知識と経験」を担保するコンピテンシーとして抽出したのは、次の3つです。

○問題にあたっては、なんでも我流でこなそうとせずに、まずは理論（先人の知恵）を参照することができる
○少なくとも2つの分野において、社内では専門家と言えるレベルにある
○数多くの挫折や修羅場を乗り越え、他人に認められる成功体験を経てきた

機能2：指示（経営者からの受け方、部下への出し方）

経営者の直属の部下として「指示を正しく理解」するために求められるコンピテンシーとして抽出したのは、次の3つです。

○多種多様な仕事の経験を通して、会社の仕組みに精通している
○ビジネス一般について、十分な教養を持っている（マーケティング、会計、IT、グローバル）
○全社レベルで、物事のプライオリティーを理解することができる

能力、経験値やモチベーションがバラバラな部下へ「適切な指示を出す」ためのコンピテ

ンシーとして抽出したのは、次の3つです。

○目的を達成するためのタスクを、ロジカルに分解することができる
○指示を出す相手に、適切な「粒度」で指示を出すことができる
○押し付けにならず、部下も納得する形で指示を出すことができる

機能3：報告（経営者への出し方、部下からの引き出し方）

経営者が合理的な判断を下せるよう「適切な報告」をするために必要なコンピテンシーとして抽出したのは、次の3つです。

○いかなる物事も測定し、グラフや図として報告する習慣がある（測定できないものは管理できない）
○経営者が把握すべき指標（ＫＰＩ）を理解し、つねに最新の数値を記憶し、必要に応じてアラートを出せる
○経営者にエスカレーションすべき問題と、そうでない問題の切り分けを間違えない

部門長として合理的な判断を下せるよう「部下から報告を引き出す」ために求められるコンピテンシーとして抽出したのは、次の３つです。

○ホウレンソウの徹底が組織内に浸透している
○報告を待つのではなく、部下のところに情報を取りに行く態度をとる（悪い情報は隠される）
○部下が報告している事柄が、「事実」なのか「意見」なのかをつねに気にする（ファクト・ベースが理想）

機能４：社内外の個人や組織との連携

社内の他部門と連携し、企業理念の達成に必要な「チームワークを作り出す」ために必要なコンピテンシーとして抽出したのは、次の３つです。

○他部門の目標を理解し、その目標達成を積極的にサポートする姿勢がある

○セクショナリズムを嫌い、他部門との意見交換や人材交流を積極的に行う
○部門をまたがる組織横断プロジェクトで、リーダーシップをとることができる

次に、社外の個人や組織と連携し、「双方の利害を調整」しつつ、企業理念を達成するために求められるコンピテンシーとして抽出したのは、次の3つです。

○会社の代表者として、社外の目から見て恥ずかしくない対応がとれる（品格とビジネスマナーへの配慮）
○利害が対立する現実から目を背けずに、交渉すべきときはどこまでも交渉する強さがある
○NDA（秘密保持契約）やコンプライアンスなど、社外の人々と連携するときに必要な法務規定を遵守できる

機能5：組織力の強化（部下の育成、業務効率の向上）

まず、組織を形作る「部下の育成」に求められるコンピテンシーとして抽出したのは次の

3つです。

○部下のキャリア観を理解しつつ、部下のキャリア形成を積極的にサポートしている（簡単にあきらめさせない）
○「雑談」「対話」「議論」の違いを理解し、意識して部下と「対話」の機会を持っている（1対1面談に逃げない）
○自分自身も、さらなる高みに向けてつねに学習を心がけている（部下や周囲の同僚の手本となれる）

次に、組織全体のパフォーマンスを高めるための「業務効率の向上」に求められるコンピテンシーとして抽出したのは、次の3つです。

○組織内に高い就業倫理感を醸成し、一般的には高いレベルの仕事でも「あたりまえ」と判断する
○ノウハウを溜め込むような態度は認めず、ノウハウを組織内で効率的にシェアするこ

とをつねに実践する
○なんとなく理解していること（暗黙知）を、言語化（形式知化）することに価値を置く

4―6　キャリア・パスに固有のコンピテンシーを明確に示す

人事論で有名なデイビッド・ウルリッチ教授（ミシガン大学）は、人材育成業界では大変有名な著書『Human Resource Champions』（邦題名『ＭＢＡの人材戦略』梅津祐良訳、日本能率協会マネジメントセンター、１９９７年）の中で、人材がたどるキャリア・パスを４象限モデルで示しました。

このモデルは、２軸として「直近の仕事vs.将来の仕事」と「顧客業務vs.技術・プロセス」を採用するもので、内容を解りやすく解釈すると、次頁の図で示すことができます（図15）。

株式会社ＨＲアドバンテージ取締役の南雲道朋氏は、この４つのキャリア・パスに関して、それぞれに６つのコンピテンシーを与えています。なお、ＨＲアドバンテージは、このモデルに限らず、多くのコンピテンシー測定サービスを展開しているので、興味のある方はＨＲ

図15

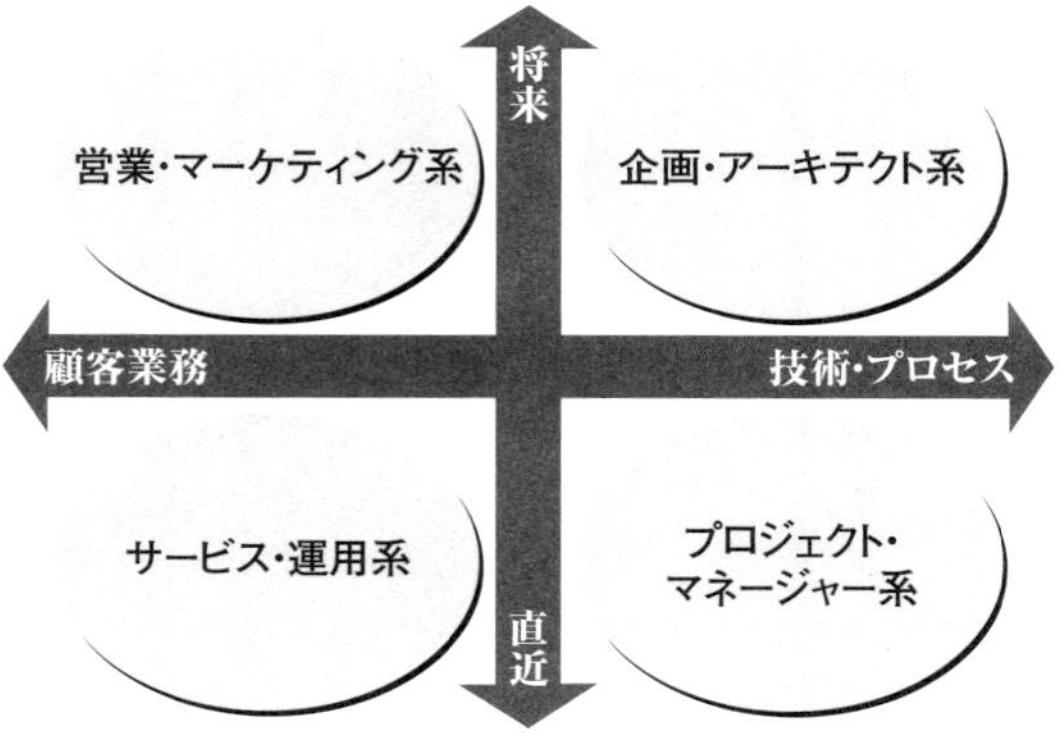

David Ulrich, "Human Resource Champions: The Next Agenda for Adding Value and Delivering Results", Harvard Business School Prをベースに筆者が作成

アドバンテージの門を叩いてみるのもよいと思います。

企画・アーキテクト系（コンセプトを創造する）

□これまで不案内のビジネス分野やテクノロジーであっても素早く習得する

□技術の本質を突き詰めて判断し、知識を吸収すべき技術を取捨選択する

□メタモデルといった抽象度の高いレベル、メタの世界で物事を見て整理する

□一つ以上の領域で深く専門知識を持つことで、優れた設計に対するセンスを示す

□ステークホルダー間のコミュニケーション網の中核となり、意見をまとめたり変更を促したりする

□必要な場面で決断力を示し、全ステークホルダーの信頼を維持する

プロジェクト・マネージャー系（アイディアの実現性を担保する）

□現実的なスケジュールを作り、正当な理由なしにスケジュールを変更しないですむようにする

□できる以上のことをやらないようスコープの設定を行った上で、目標やスコープを関係者に周知する

□包括的かつ実行可能な計画書を作り、更新や変更にあたってステークホルダーとの交渉の基礎とする

□状況が変わるたびにステークホルダーとはコミュニケーションをとり、変更の有無を確認する

□マネジメントスキルと動機づけのスキルを駆使してメンバーを指導し、チームのやる気を高く保つ

□どんな苦境においても、メンバーに過重労働を強《し》いたり、無理な要求をしたり、嘘をついたりしない

サービス・運用系（多数の部下の統括）

□測定と改善にこだわり、つねに改善をし続ける
□「ヒヤリ・ハット」ケースを放置せず、つねに原因究明・対策を打つ（注）
□知恵をしぼり、汗をかかずに自動化へのこだわりを示す
□不満を示した顧客には、オフラインで徹底的にフォローする
□メンバー一人一人に現状と課題を伝え、改善に巻き込んで動機づける
□顧客の声から新しいサービスのアイディアをつねに話し合う

（注）一件の重大な事故の背後には、30件の軽い事故と、300件の小さなミスが存在するという「ハインリッヒの法則」がこの活動の根拠。

営業・マーケティング系（ネットワーキング）

□ユーザーが何を問題にしていて、何を欲しがっているのかを突き詰める
□問題の真の原因を明確にし、ソリューションにより問題を解決できることを確実にする

□ＩＴサービス提供者がユーザーを教育するという高い志を持つ
□お客様が本当に欲しいシステムは何かを、さかのぼってモデリングし、仕様を書く
□問題を解決するための新しいアイディアを考え抜く
□意思決定をするための基準をつねに意識し、決定できる提案を行う

4―7　修羅場の経験を積極的に評価する

人間の成長は、その70％までもが経験によるという意見があります。70％という数値がどこまで信頼できるのかはともかく、成長にとって経験が重要であることは多くの人が同意するところだと思います。

とくに経験の中でも、「**修羅場の経験**」が重要だという意見はいろいろなところで目にします。では、修羅場の経験にはどのような教育効果があり、それらは具体的にはどのような経験なのでしょうか？

修羅場の経験が持っている教育的な本質は、「今までの自分のやり方の不備を自覚する」ことにあります。世界中のビジネス・スクールで採用されている教授法であるケースメソッ

ド（具体的な事例を用いたディスカッション・ベースの教授法）がめざしているのが、まさにこの修羅場の経験が持っている教育効果を、教室という制約の中で実現することです（注）。

（注）ちなみにケースメソッドで用いられるケース教材には３つの条件が求められます。３つの条件とは⑴ビジネスパーソンを育てる何らかの訓練主題を含んでいること、⑵その訓練に必要な情報がノイズと共に含まれていること、⑶ケースの登場人物に困難な決断が迫られていること、です。子供にとっては「絵本」がこれに相当し、絵本の読み聞かせによる子育てには、このケースメソッドと同じ発想が組み込まれていることが解ります。

具体的な修羅場の例に関しては、『マネジャーのキャリアと学習』（谷口智彦著、白桃書房、２００６年）に最近の研究成果がまとめられており、この文献の記述に依存しつつ以下にまとめていきます（注）。

（注）文言を追加したり変更したりしているので、参照元の文献とは内容が異なるところがあります。気になる方は、元の文献に当たってください。

まず、修羅場の経験は大きく言って5つに分類することができます。それらは⑴業務上の大失敗、⑵昇進の遅れや降格、⑶部下の問題、⑷職制の変更や転職、⑸個人的なトラウマ、です。

⑴業務上の大失敗

誰でも一度ぐらいは、キャリアに響くような大きな失敗を経験しているものです。こうした失敗の主な原因は、上司や部下、同僚や社外の人といった他者への対処にあるようです。こうした失敗から教訓を学びとるためには、組織が失敗に寛容であり、失敗から学ぶ姿勢が企業文化として根付いているかどうかが鍵になるでしょう。

このイベントからは、他者との関係構築、自分がコントロールできない状況への対応（ねばり強さにつながる）、自分の限界の理解（謙遜につながる）といったことを学ぶことができます。

(2)昇進の遅れや降格

ある調査によると、経営幹部として成功している人の約15%が昇進を逃したり、望んでもいない仕事に就いたり、降格を経験したことがあったそうです。15%という数字を大きいと見るか小さいと見るかは意見が分かれるでしょうが、こうした困難は「このままではいけない」という具合に、嫌でも自分のキャリア構築への意識を高めます。

このイベントからは、自分の非現実的な期待感への反省（大人になる）、組織政治への関心、自分が本当にやりたいことを考える、他人任せでないキャリア管理などを学ぶことができます。

(3)部下の問題

パフォーマンスが著しく低かったり、勤務態度があまりにも悪かったりする部下をどうするかという問題は深刻です。とくに日本のように従業員の解雇が難しい社会では、この問題はかなり陰湿な方法によって対応されてきたと思います。実際、法的には解雇ではなくとも心理的には解雇という状態は、「社内失業」という言葉で表現されるとおり日本にも存在します。

部下にとってはもちろんですが、上司として部下を切り離す（社内失業に追いやる）ということは、かなりの心理的なストレスとなります。相手のパフォーマンスがその判断の理由であるにもかかわらず、部下との話し合いは例外なく難航し、現実にはお互いの人格否定に至ってしまうことがほとんどです。こんな後味の悪い経験は、だれもしたくはありません。

このイベントからは、他者のポテンシャルを楽観しすぎない現実感覚（採用に慎重になる）、ダークサイドに落ちつつある部下にためらわず警告を出す力（部下とのお友達感覚を解消する）、部下の抱えている問題の原因を深く探る力（表面的な原因で納得しない）などを学ぶことができます。

(4)新しいキャリアへの挑戦

現在の仕事に限界や不満を感じて、新しいキャリアに挑戦する経験は、人間を一段大きくします。しかし仕事やキャリアを変えることは、それ自体が大きなリスクであり、いかなる転職であれ、それが成功するケース自体が稀です。これは社外への転職だけでなく、社内での転職でも同じことです。

すべからくビジネスパーソンに求められる経験というものは、深さと幅におけるジレンマにあります。深さを求めすぎて一つのことだけをやり続ければ、視野が狭くなりすぎて応用のきかない人材になってしまうし、幅を求めすぎれば専門性のない便利屋としていつまでも上に行けない人材になってしまいます。大切なのは、この深さと幅のジレンマを解消してしまうことではなくて、このジレンマをつねに意識し、自分の現在地に敏感になることです。

このイベントからは、自分の人生に責任を持つのは自分だという認識（自己責任）、新しい環境に馴染《なじ》む力、新しい職務を効率的に身につける力、異なる文化を受け入れる力などを学ぶことができます。

⑸個人的なトラウマ

トラウマとは、たとえば、個人的な病気やケガ、離婚や家庭崩壊、仕事に関連した事故や災害などの「危機的経験」であり、時間が経《た》ってもなお、その経験から感情的な影響を受けるような「心理的な外傷」のことです。大切なことは忘れてしまっても、こうしたトラウマに限って忘れずに日々思い出したりしてしまうのが人間という動物の特徴です。

こうしたトラウマからは、個人的な限界の認識（超えられない壁の存在の認識）、他者への配慮（優しさ）、自分がコントロールできないことへの対処方法（自分にできることだけを探す)、ワークライフ・バランスの重要性などを学ぶことができます。

4—8　勝ちぐせをつける(バックワード・チェイニング)

優れた才能を持った登山家でも、いきなりエベレストにチャレンジしたりはしないでしょう。まずは比較的小さくて登りやすい山から始めて、山を登りきる喜び(成功体験)を積み重ねつつ、徐々に難易度を上げていくはずです。

ビジネスにおいても、ときには失敗の経験から学ぶことも重要ですが、ルーティンワークのレベルで、いつも失敗ばかりでは自信を失ってしまいます。自信がなければチャレンジ精神も枯渇し、何事にも腰が重くなります。ちょっとばかり軽薄であっても「とにかくやってみよう」という気持ちを失ってしまえば、人の成長にとって重要な「経験からの学習」の機会が少なくなってしまいます。

つねに積極的にチャレンジするような気持ちになるには、それなりの成功体験が必要です。成功体験が自信につながり「自分はできる」という気持ちが学習意欲も高めます。それに同じことを学ぶのなら、失敗ばかりからではなくて、小さくても成功体験の積み重ねから学ぶほうが精神衛生上も好ましいでしょう。

もちろん、困難にチャレンジして成功を重ねていくのは個人の責任です。とはいえ、個々の従業員に仕事を与える上司や経営者のほうにも、成功を重ねやすいように仕事の振り方をアレンジする義務があると思います。

そこで是非とも検討すべきなのが「**バックワード・チェイニング**」という人材育成の方法論です。今回はこの方法論について、行動分析学の名著『行動分析学マネジメント』（舞田竜宣、杉山尚子著、日本経済新聞出版社、２００８年）を参考としつつ、営業マンだったこともある私自身の経験もふまえて、新人の営業マンが一人前として活躍できるまでの「経験のデザイン」を例にして考えてみます。

仮に自分がある営業所の所長だとして、自分の部隊の仕事は以下のような一連の流れ（行動１〜行動８）で構成されているとします。もちろん商材にもよりますが、すべての仕事をこなせる営業マンの育成には数年から十数年の期間が必要と言われます。

行動１：顧客とのアポ取り（またはアポなし訪問）
行動２：訪問先での挨拶、自己（自社）紹介

行動3：自社企画の説明
行動4：顧客と自社の開発担当者のコミュニケーションアレンジ
行動5：自社の開発担当者からデザインが出て来たら1次見積もり
行動6：試作ができたら2次見積もり
行動7：製品仕様の詳細をつめ、売買契約の締結
行動8：検収テストの実施と入金の確定

ここで考えるそれぞれの行動は、鎖（チェイン）のように個々が連結（チェイニング）されており、全体で一つの仕事を形成しています。仕事を成功させるためには、どの行動もスキップすることはできません。

そんな自分の営業所に、営業経験のない新人営業マンが配属されてきたとします。この新人に積ませる職務経験のデザインとしては、大きく3つの方法が考えられます。

行動1から始めさせて、行動8に至る方法（フォワード・チェイニング）

新人にアポ取りから始めさせて、ゴールである入金にまで至らせる方法です。行動を前方

に向かって連結するので「フォワード・チェイニング」と呼ばれます。

この場合、顧客先に人脈のない新人は、アポ取り段階でもかなり苦労するでしょう。やっとアポが取れても、販売実績のない新人は、自信を持って自己（自社）紹介ができるでしょうか。さらに販売経験のない新人は、製品知識すら怪しいのが普通です。

フォワード・チェイニングでは、新人営業マンは多くのハードルの前で失敗を繰り返し、失敗を乗り越える形式での成長を強いられることになります。はじめての入金（やり抜く経験）に至るまでに何年もかかるので、新人は途中で挫折し、失意のうちに会社を去ってしまうかもしれません。

先輩営業マンたちのアシスタントをさせる（ランダム・チェイニング）

あるときは見積もりを作らせたり、またあるときはアポの確認をさせたりという具合に、新人営業マンを先輩営業マンのアシスタントとして使う方法も考えられます。

個々の行動を広く浅く学ぶことが可能なため、全体像の把握という意味では最も優れた方法かもしれません。しかしこの方法では、新人はいったいいつになれば一人前として一人で仕事をこなせるようになるのかが不明です。

そしてある日「自分で全部やってみろ」ということになれば、結局はその日からフォワード・チェイニングが始まるわけで、入金に至るまでは何年もかかってしまうかもしれません。

行動8から始めさせて、行動1に至る方法（バックワード・チェイニング）

ゴールである入金から始めさせて、最後にアポ取りに至らせる方法です。行動を、ゴールから後方に向かって連結させるので「バックワード・チェイニング」と呼ばれます。

まずベテランの先輩営業マンに行動7までをさせ、最後の行動8だけを新人営業マンにやらせます。新人営業マンの経験は、検収と入金の喜び（成功体験）から始まります。行動8を何度か経験させてから、次に行動7と行動8を経験させます。その次は行動6→8、行動5→8という具合に繰り返していけば、新人営業マンは（時に失敗もあるでしょうが）「勝ちぐせ」をつけつつ、一連の仕事を学ぶことができます。

バックワード・チェイニングのポイントは、つねに「最後までやり抜いた」という充実感をともなって育成対象となる人材の経験をクローズできることです。

フォワード・チェイニングは「いつかはゴールに到達したい」という希望を持たせつつ、何度も失敗を体験させる経験のデザイン手法です。これに対して**バックワード・チェイニン**

グは「つねにゴールのテープを切る」という成功体験を積ませつつ、徐々に難易度を高めていく経験のデザイン手法です。フォワードよりもバックワードのほうが優れているのは、直感でも理解できると思います。

また、ランダム・チェイニングは、実はこれまでＯＪＴと呼ばれてきたような現場への人材の「放置」を表しています。これでも人材は育ちますが、その速度と精度は運任せになってしまいます。変化の激しい時代にあって、こうした手法が有効でないのは明らかだと考えられます。

４―９　アフォーダンスを意識した教育デザインをめざす

知覚心理学者であったジェームズ・ギブソンが１９５０年代の終わりに提唱した有名な概念に「アフォーダンス（affordance）」というものがあります。ギブソンが「与える」を意味する「アフォード（afford）」から生み出した造語で、環境は動物に対して「なすべきことを誘っている」という発想から生まれた概念です。

たとえば、登山道に腰をかけるのにちょうど良い高さの石でもあれば、登山者はそれに誘われるようにして座るでしょう。あるいは、暗くて長い廊下に一つだけ外のあかりが入る小窓があれば、人はそこから何が見えるのかを確認するでしょう。

デザインという側面からこのアフォーダンスを考えると、いちいち説明書が必要になるようなモノやサービスのデザインというのは、人との接点（インターフェース）に問題があると言えるわけです。

アフォーダンスを利用した教育、たとえばブログサービス「Amebaブログ（アメブロ）」などで知られるサイバーエージェントのトイレには、鏡越しでないと読むことができないような方法でミッションステートメントが貼られています（注）。

（注）鏡と対峙《たいじ》している壁に、文字が反転しているミッションステートメントが貼られています。文字が反転しているほうはなかなか読めませんが、鏡越しで見ると反転がなおり、普通に読むことができる仕組みです。

ミッションステートメントをポスターにして廊下や職場の壁に貼っている企業は多いですが、そうしたポスターの前で足を止める従業員は少ないでしょう。そこでサイバーエージェントは、トイレの鏡という人が絶対に足を止める場所において、「これはどうなっているのだろう？」という疑問を起こさせるような工夫をして、ミッションを従業員に周知させようとしているのです。

4―10　リーダー人材の育成には徒弟制度を導入する

日本でも職人の育成において古くから採用されている人材育成の方法に徒弟制度《とていせいど》というものがあります。徒弟制度において育成ターゲットとなる人材は、師匠（親方）の許しを得て「弟子」になり、師匠と家族同然の関係になります。

弟子はほとんどつねに厳しい師匠の近くにいて、師匠の行動を観察しつつ、師匠の仕事を（ときにプライベートなレベルにまで踏み込んで）幅広くサポートします。

この徒弟制度に効果があるということは非常に古くから知られており、ほとんどすべての学びの場において、日本のみならず世界中で見られる人材育成プログラムです。

実際に、優れたビジネスパーソンを師匠とした弟子は、普段から師匠の仕事の仕方を観察させられることで、優れた仕事の仕方を多く「体感」します。こうした体感の蓄積は、弟子に「どうして、こんなやり方をするのだろう?」という知的な反芻《はんすう》の機会を多く与えることになります。ところが、師匠に「どうしてですか?」とたずねても、師匠は「こういうものだ」と言うばかりで、丁寧に教えてはくれません。しかし「手」はかけなくとも、弟子の成長度合いについて細かな「目」はかけているのが師匠というものです。

教えると学ばないのが人間という生き物なのです。

この点を考慮し、**自ら学ぶようにしむける仕組みを提供するのが人材育成プログラムの本質です。**この意味で、徒弟制度は非常に完成されたプログラムなのであって、とくにリーダー育成においては絶対に避けて通れないものです。

日本中の職場において「師匠」という言葉が復活する日も近いのかもしれません。

4―11　合意のマトリクスによる育成プログラムのポートフォリオ管理

イノベーション分野のバイブル『イノベーションのジレンマ』(伊豆原弓訳、翔泳社、2001年)の著者として有名なクレイトン・クリステンセン教授(ハーバード大学)が提唱するフレームワークの一つに「合意のマトリクス」と呼ばれるものがあります。

このフレームワークは、他人との合意には「目的への合意」と「手段への合意」があって、相手と自分の合意関係によって、自分の出方をいかに調整すべきかという判断を支援してくれるツールとして有効です。

図16

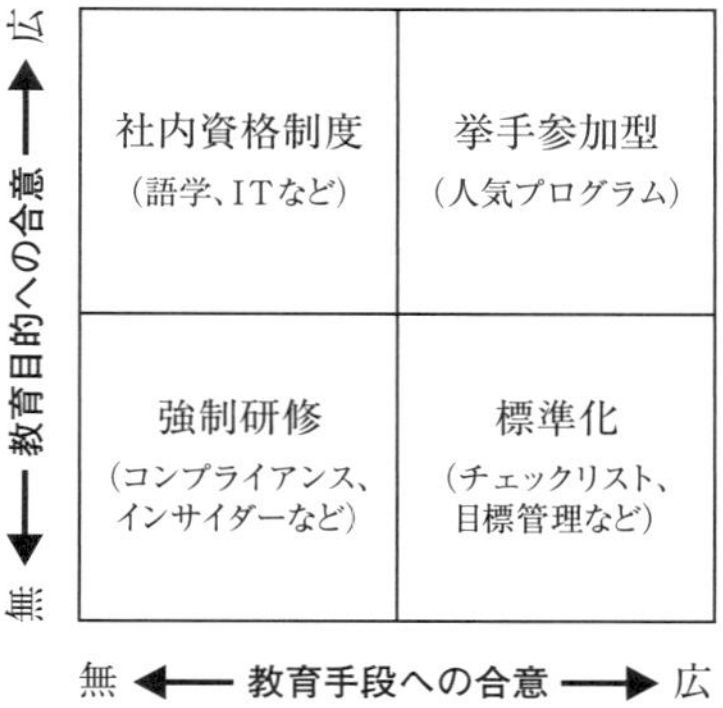

この合意のマトリクスを、人材育成という文脈に適用すると上のような図が得られます（図16）。

教育目的への合意（縦軸）は、従業員による育成プログラムの成果物への関心を示し、また、教育手段への合意（横軸）は、従業員による育成プログラムのコンテンツへの関心を示しています。

まず、教育目的についても教育手段についても、従業員と広く合意できるような育成プログラムを作るのが人材育成実務の理想です。これはいわゆる人気プログラムであり、プログラムへの参加には、時に教育リソースを上回る希望者が出ることもあります。こうした場合は、過去のパフォーマンスなどのデータを参照しつつ、プログラムに参加する人材を選抜する必要が出てきます。参加したくても、誰もが参加できるプログラムではないため、プログラムへの参加には報賞としての意味合いも出てきます。

次に、教育目的についてはは合意できても、教育手段には合意できないプログラムもあります。たとえば、語学はこの典型的な例です。多くの従業員が「語学力を鍛える必要がある（目的）」についてはは合意するでしょう。しかし、語学の学習方法（手段）については、人それぞれであり、広い合意は得られそうもありません。こうした場合、最も有効と思われるのは、TOEICで何点以上取らないと、原則として海外出張はさせないといった「社内資格制度」を整備することです。これにより、学習方法については不問としたまま、学習目的の達成には近づくことができます。

逆に教育目的には合意できないのですが、その方法についてなら合意できる場合もあります。たとえば、運用管理においてのチェックリストなどがそれに当たります。チェックリストは、管理責任者としては部下にいちいち細かい指示を出さなくともミスのない業務を期待できるので楽です。逆に部下からすれば、チェックリストさえこなしておけばいらぬ文句を言われずに済むので、これも楽です。目的という視点からは、管理責任者からすればチェックリストは部下の効率的な管理にあり、部下からすれば文句を言われないことですので、それぞれ異なります。ただ、チェックリストは双方にとって利益があるので、手段として合意されているということです。言うまでもありませんが、チェックリストそのものにも当然、「こういうことに注意すべし」という教育効果があります。

そして、中には不幸にも教育目的にも教育手段にも合意できないケースがあります。典型的には、コンプライアンス研修やインサイダー取引の違法性を認識させる研修などがこれに相当します。こうしたものは、会社としては従業員に周知徹底しなければならない知識です。しかし従業員からすれば、こういう知識を学ぶのは普通は面白くもないし、実務には直接役に立ちません。教育目的には、もしかしたら多少の理解は示せるかもしれませんが、基本的に求めてもいないものを押し付けられることには変わりありません。こうした研修は、ゲーム制を取り入れるなどの工夫はしても、基本的に「おつとめ研修」として強制するしかありません（ただし、強制だからといってその内容はつまらなくていいという意味ではありません）。

コラム4　ケラーのARCSモデル

何かを学ぶとき、どのように「教材」がデザインされているかが学びの効率に影響することは直感でも明らかだと思います。よく考えられたプログラムと、適当に情報をダラダラと流すだけのプログラムでは価値が異なりますよ、という話です。

アメリカの教育工学者、ジョン・M・ケラー教授（フロリダ州立大学）は、そうした教材を魅力的なものにするための指針として、ARCSモデルというフレームを提唱しています。企業における研修のデザインをするときに参照できるだけでなく、プレゼンなどを作るときにも参考になるので、覚えておくと便利です。

ARCSモデルとは、まず学ぶ人の注意をひきつけるAttention（注意）、学ぶ人が「役に立ちそうだな」と感じるRelevance（関連性）、学ぶ人が「これなら自分にもできそうだな」というConfidence（自信）、学ぶ人が「受けてよかったな」というSatisfaction（満足感）の4つの頭文字を取ったものです。

Attention（注意）

教材には、それで学ぶ人のAttention（注意）を引きつける工夫が十分にこらされていないとなりません。ダラダラと情報を垂れ流すような授業にウンザリした経験は誰にもあると思います。

教材のオープニングに何らかの工夫をすることばかりでなく、中盤〜後半でも「中弛《なかだる》み」を避けるような工夫も求められます。最近の環境であれば、YouTubeなどから同じテーマのビデオを引っ張ってきて見せるのも気分転換としての効果が高いでしょう。

具体的な工夫としては、(1)教材のテーマとは一見関係のなさそうな話題や写真を使い、わざと疑問を抱かせる、(2)突然学ぶ人（たとえば聴衆の一人）を指名して質問を投げかけることで緊張感を生み出す、(3)常識とは一致しない、驚くべき事実をデータで示す、といったあたりが常套《じょうとう》手段として知られています。

Relevance（関連性）

成人教育論という分野の研究では、子供の場合とは違う、大人ならではの学びの特徴が明らかにされています。ある研究成果によると、とくに大人の学びの場合は、内容が自分の仕事の問題を解決したり、パフォーマンスの改善につながったりと、学びの内容に「自分の利害との直接の関連性」があることが大切だそうです。

たとえば、自転車に乗りたいと考えている人に、自転車の訓練をする場合など、学ぶ動機と教材の内容が一致している場合は、関連性が明らかなので簡単です。

ところが、たとえば社員教育などの現場では、必ずしも個々の社員に学んでもらいたい内容が、それぞれの職務と直接の関連性が見出されていない場合があります。こうした場合は、その教材を学ばないと達成できない目標を新たに設定したりして、学ぶ動機を意図的に作り出す必要が出てきます。

テクニックとしては、学んでもらいたい内容に学ぶ人が教材に「親しみやすさ」を感じるような配慮をすることが挙げられます。これにより、擬似的にではあっても、関連性を演出することが可能になるからです。具体的には⑴学ぶ人に親しみのある語彙《ごい》を使う、⑵学ぶ人と普段関係のある商品や企業などを例として使う、という具合です。

Confidence（自信）

例外もありますが、教材の目的は、学ぶ人の「行動」を変化させることです。それなのに、学ぶ人が教材の内容に「自分にはとても無理そうだな」と感じてしまえば、その時点で教材の目的は達成されないことになるでしょう。

そのためには⑴実際に、その教材によって行動を変化させ、その結果として望ましい成果を出したケースなどを紹介したりする、⑵簡単な例題に当たってもらい、自分にも教材の内容を使えることを確認してもらう、⑶教材の内容を現場に適用するときのシミュレーションを繰り返す、といったことが必要になってきます。

Satisfaction（満足感）

教材を提供した結果として、学ぶ人の行動が望ましい方向に変化したとしても、学ぶ人自身がそれに満足していなければ、そこには「やらされ感」が根を張るばかりで「成長の実感」は得られません。

学ぶ人に教育を実施している最中は、その達成があたかも容易であるかのように語ります。しかし実際に学びを得て、現状維持という居心地のよさを抜け出し、自らを変化させることに成功することは決して「あたりまえ」ではなく、十分に賞賛に値することです。

目に見える形でこうした賞賛の気持ちを示し、学ぶ人が少しでも多く「学んでよかったな」と感じられる機会を増やすことが大切です。

第5章　誰が育てるのか（人材育成の責任）

貧困とは衣食住に恵まれないことだと思うかもしれません。
しかし真の貧困とは、誰からも必要とされない、愛されない、
気にかけてもらえないことなのです。

マザー・テレサ

５―１　経営者は、人材育成に本気か

これまでのＯＪＴとは、厳しく言えば、現場に社員を「放置」することを意味してきました。「企業は人なり」と、人材の重要性を強調する企業は多いですが、なんとなく選び集めた研修の提供ではなくて、個々の社員のパフォーマンスにまで踏み込んだ育成をしている企業は実際にどれぐらいあるでしょうか。

組織内に10％程度はいると言われる積極的学習者の場合は、現場に放置という方法でも確かに成長します。しかしその成長は、現場をまとめているマネージャーの能力を超えることはありません。仮に現場にダイヤモンドの原石のような逸材がいたとしても、マネージャーにその原石を見出し、磨くだけの器量がなければ終わりというわけです。

とくに新興企業の場合は、企業の成長とともに企業ブランドが形成されて採用時の交渉力が高くなっていくので、成長の後から入ってくる人材のほうが古くからいる人材よりも優秀というケースは多くあります。そうした環境において、いわゆるＯＪＴにばかり頼るのは非常に危険な行為なのです。

人材育成において世界で最も尊敬されている企業の一つがGEです。GEのCEOは、業務の3分の1を人材育成に費やすことが決められているぐらいで、経営陣の人材育成に対する情熱と責任感において、GEには他社の追随を許さないものがあります。GEほどではないにせよ、企業における人材育成に最終責任を負うのは経営者を措いて他にありません。

通常、人材育成の担当者は、企業理念の実現に向けて経営者のスポンサーシップの下、個々の人材のがんばりをサポートするところまでしか実質的な責任は負えません（ただし最近は人材育成に責任を持つ経営レベルのポジションとしてCLO〔Chief Learning Officer／最高人材育成責任者〕も注目されてきています）。

人材育成の仕事はつねに組織横断的であり、現場の仕事よりも直近の重要性が低いために、現場からすればどうしても後回しにしたくなる話です。そして悪いことに、人材育成プログラムというのは、その導入コストは測定できても、導入の効果の測定になるとたんに声が小さくなってしまうものです。

責任は取らず、現場では二の次になりがちで、お金がかかり、かつその効果が見えにくいという人材育成は、経営者の信念と継続的で強いコミットメントがなければ立ち行かない運命にあるのです。

本当のところ、多くの企業には「本気の人材育成」というものがなかなか存在しえないからこそ、そこに差別化による競争優位構築の可能性もあるのです。

ちなみに、キャリア・デベロップメントの権威である高橋俊介教授（慶應義塾大学）の著書によると、**欧米企業が人材育成にかけている時間と予算は、日本企業の比ではない**そうです。

たとえば、欧米企業における従業員（新入社員から経営者まで含む）が研修に参加する時間の平均は年に40時間にも及ぶとのことです。私自身も、オランダ企業で働いていたときは、年換算で70時間を超える研修を受けていました。

建前として、人材育成に反対するような経営者はまずいません。しかし、その経営者がどれぐらい人材育成に本気なのかは、研修にかけた時間や予算からも明らかになる話なのです。

5—2　いよいよ企業は学校になる（教え合い、学び合う場）

学校とは、そこに集《つど》う人の間に教師と生徒の関係が存在し、かつ、その場で他のところでは得難い良質な「学び」が起こる場のことでしょう。

ここで学校を「教育がなされる場」としてとらえてしまうと、教師から生徒への知恵の一方通行なイメージが強くなってしまいますが、実際の企業にあっては、一人の人間が教師性と生徒性を同時に持っています。

たとえば、新入社員のメンターを若手社員に受け持たせるケースでは、教える立場にあるはずの若手社員のほうが、新入社員よりもむしろ多くを学ぶものです。この場合、先輩社員にとって新入社員は、生徒であり同時に先生でもあるでしょう。フランスの哲学者ジョセフ・ジューベルも「**教えることは二度学ぶこと**」と述べ、教えることの高い教育効果を強調しています。

ここでご紹介したいのが、とくに聖路加病院における医師の育成に採用されていることで有名な「屋根瓦《やねがわら》方式」と呼ばれる人材育成プログラムです。

屋根瓦方式とは、教えられた人が次に教える側に回るという方式で、ちょうど1枚上の屋根瓦が、1枚下の屋根瓦に重なるようにして重層構造を作るように、個々の人材が１つ上の先輩を教師とし、１つ下の後輩を生徒とする関係を構築するものです。

この屋根瓦方式が根づいている好例としては、理工系の研究室が挙げられます。理工系の研究室では、教授や准教授が博士課程の学生の面倒を見、博士課程の学生が修士課程の学生の面倒を見、さらに修士課程の学生が学部生の面倒を見るといった重層構造になっていて、それぞれ教え、教えられる中で自分の知識を高めていく仕組みになっています。

企業においても、マネージャーがすべての部下を育成しようとするのではなく、部下の中に育成の階層構造を作り、それぞれの階層に教師性と生徒性の両面を持たせたり、部署間にも教えあう文化を形成したりすれば、企業全体に学ぶ文化を創りこむことができるでしょう。

知識経営理論の基礎を築いたことで有名な野中郁次郎名誉教授（一橋大学）は、イノベーションを刺激するのは「場」であると主張しています。また野中教授は論文（２０００年）の中で、知識創造が活性化される「よい場」の条件として、以下のような事柄を挙げています。これらは、企業が良き学校たるための条件として、チェックリストとして利用したいものです。

○意図、目的、方向性、使命等を持っている
○参加者のコミットメントが存在する
○内部からと外部からの２つの視点を同時にもたらす

○参加者が直接経験をすることができる
○物事の本質に関する対話が行われる
○参加者が自由に出入りできる
○形式知を実践を通じて自己に体化することができる
○異種混合が行われる
○即興的な相互作用が行われる

また、学校の機能として忘れてはならないのが「安心できる人の居場所」としての役割です。せっかく一緒にいるのですから、時にぶつかり合いはしても、企業組織はお互いに仲良く、楽しく、明るくありたいものです。

人生の多くの時間を職場で過ごすということをリアリティーを持って考えれば、やはり企業組織には程度の問題はあるにせよ「家族性」があります。人の幸せの形は多様であり、必ずしもビジネスでの成功が人間を幸せにできるわけではありません。しかし、時間とともに職場の皆が成長し、お互いへの信頼を増していくような実感を持つことと、人間の幸福感の間には何らかの重大な関係があると思われます。

とくに日本人と日本社会にフォーカスした経営論を展開されていることで知られる太田肇教授（同志社大学）は、著書『承認欲求』（東洋経済新報社、２００７年）の中で、オフィスにおいては、従業員が「日常の承認」に恵まれることを指摘しています。

同書によると、とくに日本人は、子育て中の女性などをのぞけば、在宅勤務の制度を設けても利用したがらないそうです。人間には、誰かに存在を認めてもらいたいという欲求が避けがたく備わっています。ある企業のオフィスに自分の席があり、同僚と楽しく過ごす時間があるということは、程度の差はあれ「そこに居てもよい」という承認があるということなのでしょう。

いろいろな意味で、母校として誇りに思える企業かどうか——そんな視点も必要になってくるでしょう。見て見ぬふりをするような文化ではなく、お互いの面子《メンツ》に配慮して、実際には助けていても周囲には助けているようには見えない文化が形成できれば、多くの従業員が幸せに勤務することができる環境が生まれるのではないかと思います。

一時、世界的に流行した研修機関としての企業内大学（コーポレート・ユニバーシティー）には「業務の現場」と「大学」の間に概念上の境界線を引いてしまうという致命的なデザイン・エラーがあります。

企業内大学とは、究極的には実務の現場そのものであるべきなのですから、いわゆる企業内大学が現場から離れたところに存在してしまう企業というのは、悪い意味で現場を知的に低い場所として見ている可能性があります。

戦略論の世界的な大家、ミンツバーグ教授（マギル大学）はかつて「日本企業のやっていることは、実質的には究極の企業内大学と言えるかもしれない」と述べました。われわれ日本人は、この指摘が意味するところを正確に読み取り、今後は企業内大学のあり方を大幅に修正していくべきでしょう。

5―3　各事業ラインにも人材育成担当者を配置する

福澤英弘氏は、著書『人材開発マネジメントブック』（日本経済新聞出版社、２００９年）の中で、現場の実務に詳しく、部署内の人脈を完全に把握している人材を、一定期間人材育成担当者に任命することを推奨しています。これは、部署の人材育成にはもちろん、この職務に任命される人材にとっても、経営者視点を持つまたとない機会になります。

福澤氏はさらに、ラインでの昇進の条件として、この人材育成担当者の経験を含めることを提案しており、実際にこうした取り組みをしている企業の実績が良いことを指摘しています。

5―4　企業単体でなく、企業リーグが人材を育てる

一つだけ強いサッカーチームがあったとしても、それだけでサッカーファンを増やし、サッカー人口を増やし、サッカーの楽しさを広めることはできないでしょう。サッカーを広めるためには、複数の競合がフェアに競い合う「リーグ」の存在が不可欠なのです。

私が人材育成を担当するフリービットは、「日本で最も人材を育成する会社」をめざしています。これはサッカーと同様に、フリービット一社で自称「日本で最も人材を育成する会社」と言ったところで何の意味もないのです。

人材育成の波を作り、多くの人々が教え、学び合うような環境を作り上げるには、人材育成リーグの構築が望まれます。

具体的には、社員一人あたりの年間読書量や新卒のＴＯＥＩＣ点数の上昇率、入社３年目までに海外出張をする社員の割合や論文発表数、そして従業員の学習環境に対する満足度調

査など、測定可能なものを競い合い、企業間にも屋根瓦方式を導入するようなことを考えていきたいです。

この点に賛同していただける企業がございましたら、是非、連絡いただければと思います。

コラム5　チームワークが重要な理由

今の時代に生きる人は、自分たちの脳のことをコンピューターに見立てて理解している面があります。しかし人間の脳が行う思考は、コンピューターの思考とは無視できない違いがあります。

この人間の脳とコンピューターの違いを意識することが、チームワークの必然性を知るための重要な鍵になるかもしれません。

数学の問題を解くとき

コンピューターであれば、すべて自分の内側で計算処理を行い、問題の解答を得るでしょう。しかしわれわれ人間が数学の問題を解くときは、数式を紙に書き出し、解法となりうる処理をさらに書き出してみて、ウンウンうなります。

このとき、紙なんかなくたって普通に問題が解けるという人は稀ではないでしょうか。

とくに問題が相当複雑な場合は、紙や手、筆記用具や目といった自分の脳の外側にあるものの役割が増すように思います。

自分が誰かと会話しているとき

ロボットが話をするときは、ロボット内のコンピューターが事前に「これ」と決めた（もしくは決められた）文章が、スピーカーを通して発せられるでしょう。

しかしわれわれ人間が会話の最中に発する文章は、事前にすべてが脳内で文章化されてはおらず、口を突いて出てくる言葉に、後から継ぎ足すようにして作られます。しゃべり終わってみてから「自分はこんなことを考えていたのか」と、自分の発した言葉に自分でビックリした経験は誰にでもあると思います。このとき自分の思考は、直前に自分が発した言葉に引っ張り出されるようにして生まれているはずです。

文章を書いているとき

文章というのは、手が書いていると感じたことはないでしょうか。自分の書いた文章を自分で読みながら、次に続く文章を考えているという感覚は、とくにブログのエントリを書いていて「ネタ切れ」を経験したことがある人であれば皆が持っていると思います。

通常の業務でメールを書くときも、書く前はボンヤリとしていたイメージも、画面にタイプされていく自分の文章を追いかけていたら状況が良く理解できた、なんてこともあるでしょう。

私の場合はさらに、自分が書く文章の一部は「手癖」から生まれていて、思考がその手癖を追いかけているようなことがあります。ちょっとシュルレアリスムの自動書記（自分の意識とは無関係に文章を書き出してしまう現象）のような印象すらあります。

何が言いたいのかというと……

人間の思考は、コンピューターのそれとは違って、自分のアウトプットを自分で確認しながら、即興的に思考の向かう先を深めていくという点が特徴なのではないでしょうか。逆にそうした自分のアウトプットがなければ、なかなか思考が深まらないという点も重要でしょう。

このとき、自分が生み出すアウトプットというのは、ヒトリゴトとして生まれることもあるでしょうが、普段の生活の中では、普通は他者との双方向なコミュニケーションを刺激として生まれています。極端には、他者とのコミュニケーションがなければ、思考が深まらないとも言えるわけです。

自分の思考は、自分の脳内では完結していないし、それは外側からの刺激を受けて生まれる自分のアウトプットによって深めることができるのです。ここに気がつくと、キャリアという文脈では、チームを組んで仕事をすることが、自らを高める重要な手段であることが見えてきます。

すると、結局**どういう人とチームを組むのかが、ある人の成長の重要な部分を決めてしまう**のではないかという仮説に至ります。これは意外と怖い仮説です。

第6章　教育効果をどのように測定するか

自らに対し、少ししか要求しなければ、成長はしない。
きわめて多くを要求すれば、何も達成しない人間と
同じ程度の努力で、巨人にまで成長する。

ピーター・ドラッカー（経営学者）

6—1　教育効果測定が求められる背景

人材育成の実務において最も重要で、かつ最も難しいのが、導入した人材育成プログラムが、人材のパフォーマンスをどの程度向上させたのかの測定（教育効果測定）です。相当な専門性を持って人材育成プログラムをデザインしている人事コンサルティングファームであっても、教育効果測定の方法やその結果に関しては、できればクライアントからつっこまれたくないところなのです。

教育効果測定が難しい理由は、その対象となるのは、物質的な長さでも、重さでも、面積でも体積でも、波長でもなく、教育効果という目に見えない、決して触れることもできない抽象的なものだからです。しかし、測定できないものはコントロールできないのです。なんとかして、教育効果を測定し、その結果が良ければ自信を持って全社に展開し、悪ければ改善を試みたり、場合によってはその育成プログラムの導入を断念したりしなければなりません。

さらに、いかなる育成プログラムも、その導入には従業員（社内のクライアント）の協力

表2　ハード・データ

アウトプット	生産個数、売上高、在庫回転数、顧客数、契約件数など
時間	サイクルタイム、加工時間、会議時間、作業時間、残業時間など
コスト	製造コスト、変動費、固定費、管理コスト、削減コストなど
品質	不良欠陥率、手直し数、事故数、標準偏差、クレーム数など

出典：堤宇一ほか『はじめての教育効果測定』日科技連出版社、2007年をベースに筆者が作成

が必要であり、従業員の時間や労力を犠牲として（機会費用を支払って）成立するものです。育成プログラムが社外にアウトソースされる場合は、機会費用だけでなく金銭的コストも発生します。

そのため、社内のクライアントに対して何らかの育成プログラムの導入を提案する場合、クライアントは、果たしてその育成プログラムが、自分たちの支払う労力やコスト以上の価値（ROI: Return On Investment）を生み出してくれるのかという疑問を持ちます。

この疑問に答えるため、人材育成の担当者は、教育効果そのものは直接測定できなくとも、導入した育成プログラムが生み出した間接的な結果を測定しなければなりません。

こうした間接的に測定するものの対象は、大きく

表3　ソフト・データ

満足	従業員満足、信頼感の向上、ロイヤリティ、顧客満足など
勤怠	欠勤率、遅刻数、安全基準違反数、セクハラ件数など
風土・環境	差別告発の数、退職率、メンタルヘルス問題の発生率など
スキル	問題解決スキル、新スキルの活用率、習熟率など
育成	昇進率、合格率、検定試験の点数、研修への参加人数など
モラル	提案件数、アイディア実行数、職場のクリーン度など

出典：『はじめての教育効果測定』をベースに筆者が作成

ハード・データとソフト・データとに分類されます。このハード・データとソフト・データを具体的に示した表を上に示します（表2・表3）。

6―2　フリービットにおける7段階の教育効果測定

フリービットにおける教育効果測定は、カーク・パトリックのレベル4フレームワークとして知られる測定方法に、ジャック・フィリップス氏により推奨される2つのレベルを追加し、さらにプログラムによりどれぐらい「対話」が増えたかを測定するレベルをオリジナルで追加した7段階の教育効果測定を採用しています（次ページの表4）。

ここで、ジャック・フィリップス氏は著書

表4

レベル	定義名称	概要	調査例
1	リアクション (Reaction)	プログラム参加者の反応を測定 →参加者はそのプログラムに満足したか	プログラム終了後の評価アンケート。講師、内容、施設など研修全体の印象・感情を測定。 (研修内容が事後に効果を発するかどうかはこの時点で不明)
2	ラーニング (Learning)	プログラム参加者の知識やスキル習得状態を測定 →参加者は目的の能力を身につけたか	プログラム実施前後のテストによる実施。 または観察、評価による測定。
3	ビヘイビア (Behavior)	プログラム参加者の学習内容の活用状況を測定 →参加者は実際に職場で活用しているか(行動変容)	プログラム実施後、一定期間経過後に実施する測定。一般的に3〜6ヶ月経過後が望ましいとされる。 プログラムによって獲得された知識、スキルが業務でどの程度活用されているか? 期待行動の出現、行動改善を測定。 上司、メンター、取引先、などプログラム参加者の関係者による評価。
4	リザルト (Results)	プログラム参加者の行動変容によって得られた組織貢献度を測定 ◇参加者はプログラムで得た知識やスキルを活かしてビジネス成果を向上させたか	組織の生産性、売上、利益、など。
5	ROI (Return on Investments)	投資としての有効性を測定 ◇ビジネス成果は投資コストに見合ったものであったか	成果(売上、利益、生産性、コンピテンシー、能力)測定と研修コストとの比較。 ROI=成果金額÷プログラム実施コスト×10
6	インタンジブル (Intangible)	無形の効果を測定 ◇正確に計測しづらい組織内の雰囲気変化、気持ちの変化など、非金銭的な効果をもたらしたか	研修終了後3〜6ヶ月経過後の社内アンケート(参加者本人、メンバー、他部門メンバー) 研修のリピート希望調査(他の社員に受けさせたいと思うかどうか)
7	対話 (Dialogue)	プログラム導入後にどれぐらい対話が増えたか? ◇参加者はプログラム終了後、周囲と対話の時間を持ち、組織の行動変容を促進したか	研修終了後3〜6ヶ月経過後の社内アンケート(参加者本人、部内メンバー、他部門メンバー)

出典:『はじめての教育効果測定』をベースに筆者が作成

表5

#	定義名称	測定対象となるプログラムの割合
1	リアクション （Reaction）	100%
2	ラーニング （Learning）	50%
3	ビヘイビア （Behavior）	30%
4	リザルト （Results）	10%
5	ROI （Return on Investments）	5%

出典：Jack J. Phillips,"Return on Investment in Training and Performance Improvement Programs", Gulf Professional Publishing（2nd edition, p 332）

『Return on Investment in Training and Performance Improvement Programs（2nd edition, p 332)』の中で、個々の人材育成プログラムの教育効果を「どのレベルまで測定すべきか」に関する目標を提示してくれています（表5）。

さらに米国*Training Magazine*の調査（2004年4月号）によると、IBMやファイザーといった人材育成において先端的な企業（トップ100）では、レベル4までの測定は全プログラムの96%を、さらにレベル5までで75%という、非常に高度な教育効果測定がなされていることが報告されています（きよみ・山崎・ハッチングス「海外のe-Learning情報／日本イーラーニングコンソシアム」2004年6月23日。http://elc.infodnn.com/tabid/61/Default.aspx?ItemId=69）。

まずは、フィリップス氏による測定目標をクリアし、いずれは世界レベルの測定をめざしていきたいものです。

6―3　人材育成を担当する部門を評価する

テストの項目を最初に作ってしまうことで、成功の基準（目的地）をはっきりさせてしまうのは、インストラクショナル・デザイン（効果的な教育をデザインするための方法論）の王道です。また、パフォーマンス・マネジメントの鉄則は「口約束ではなく、文書に残すこと」です。

そこで、フリービットは「日本で最も人材を育成する会社」をめざし、まずは次頁の10項目（注）において100点満点を取ることを目標としました（表6）。

（注）この10項目は、著名なコンサルタント、ラルフ・クリステンセン氏の著書『戦略人事マネジャー』（梅津祐良訳、生産性出版、２００８年）で紹介されている「変革に対する組織の準備状況」を測定するための質問を修正して作成したものです。

表6

#	質問事項
1	フリービットでは、人材の育成こそが、事業の成功にとって不可欠な要素であると考えられている。
2	フリービットの社員は、事業の成功にとって人材の育成が不可欠であるかのように、実際にも行動している。
3	フリービットには、全社戦略と密接に結びついた人材育成のための戦略が存在する。
4	フリービットのマネージャーであるあなたは、部下の育成に十分な責任を感じている。
5	フリービットのマネージャーであるあなたは、部下の育成に戦略を持って日々取り組んでいる。
6	フリービットのマネージャーであるあなたは、あなたの後継者となれる部下を把握し、特に気をつけて育成している。
7	フリービットの人事部は、あなたの部下の育成に関する戦略の立案を助けている。
8	フリービットの人事部は、あなたの部下の育成に、積極的に貢献している。
9	フリービットは、広く社内で、人材の育成に関する「理論」と「言語」を共有している。
10	フリービットの人事部には、あなたの部下の育成をサポートするのに十分な人材がいる。

２００９年１月には、グループの全マネージャーにこの評価項目それぞれに回答を寄せてもらい集計してあります。フリービット・グループに人材育成を担当する部署（戦略人事部）ができたのが２００９年５月のことですから、この１回目の調査結果は、当然、惨憺《さんたん》たるものでした。同時に、現在地は確認できたのですから、あとは粛々と個々の施策を打っていき、次回の調査でまた新しい現在地を確認するサイクルをまわしていきます。

また、定量的な評価項目としては、以下のような指標（ＫＰＩ）のセットを設定し「戦略人事ダッシュボード」として

表7

項目#	測定項目(KPI)
1	年間教育予算
2	教育予算の対人件費比率
3	従業員一人当たりの年間読書量
4	従業員一人当たりの年間教育予算
5	従業員一人当たりの年間教育時間
6	従業員一人当たりの人材育成担当者数
7	従業員一人当たりの年間キャリア・カウンセリング時間数
8	エグゼクティブの年間コーチング時間数
9	部署別の離職率(従業員の定着率)
10	内部昇進率(社員の昇格が発生する確率)

管理しています(表7)。この指標の選択には、米国の *Training Magazine* が、人材育成における優良企業ランキングを作成する際に参照しているパラメーターをベースにしつつ、自社の環境に合うように改良しています。これらの項目において高い点数が取れれば、世界レベルで認められることになるというわけです。

6―4 測定することの教育効果

ここまでの話で気がつかれている読者も多いとは思いますが、こうした教育効果の測定は、それ自体に「ゴールの可視化」という意味があり、人材のパフォーマンス向上にとって大いに役立ちます。

たとえば従業員に「自発的に英語の勉強をしているか？」という質問項目に答えてもらうことは、従業員に対して英語の重要性を再認識させることにもなるでしょう。さらに、全社アンケートの結果として、自分以外の多くの同僚が自発的に英語の勉強をしていることを知れば、健全な焦りも生まれます。徐々に上がっていくＴＯＥＩＣの全社平均点の推移を示せば、停滞している自分を振り返ったりする機会にもなるでしょう。

測定がうまくいったときは、「感じたことを自由に書いてください」といった自由記入欄がたくさんの文字で埋まります。忙しい業務の中にある人材の関心を、それだけ十分に引きつけられただけでも成功ですし、なによりも「感じていることを文字（形式知）として書き出す」という行為自体に高い教育効果が期待できるからです。

コラム6　熟達の5段階モデル

ビジネスパーソンとして、ある分野における世界レベルのプレーヤーになるには、最低10年の経験が必要だと言われます。教育学の世界では、とくにこれを「熟達の10年ルール」と言ったりもします。

言うまでもなく、この10年というのはスケール上の目安の話であって、必ず10年必要だとか、10年経てば誰でも世界レベルになれるという話ではありません。当然、これは仕事の内容や個人の能力によって変わってくる話です。

10年も必要なのかと絶望されてしまわないように付け加えておきますが、とりあえず「一人前」として一通りの仕事がこなせるようになるだけなら、先のバックワード・チェイニングなどの手法によって、3年ぐらいでどうにかなると思います。

こうした熟達のステップについては、知っておくと良い熟達の5段階モデルがあります。この5段階を、名著『経験からの学習』（松尾睦著）の記述をもとにしつつまとめると、以下のようになります。

初心者　原則を理解しつつも、状況による原則の使い分けができない
見習い　状況に応じた対応ができるものの、シニアの指導が必要
一人前　ルーティンであればすべて一人でこなせる
中堅所　微妙な状況の違いや、例外への対処などもできる
熟達者　状況を的確に判断し、直感でも正しい判断ができる

個人的にとくに注意すべきだと思うのは、まだ熟達の域には達していないにもかかわらず、何事も直感に頼りたがる傾向のある人材です。そうした人材は、確かに他者よりも直感に恵まれていたりして、これまでに「直感が鋭いね」と周囲から褒められてきたりもしているので少し厄介です。

熟達者が直感でも正しい判断が下せるのは、積み上げてきたロジックが、いつのまにか無意識にまで落とし込まれているからです。いったん、形式知化されたものが再び暗黙知の世界に入り込んでいくことで、暗黙知の世界に常人からは想像もつかない変化が

起こっているのでしょう。

　直感は重要です。ただ、本当の意味で直感が威力を発揮するのは、ある程度シニアになってからの話であって、それまではむしろ直感に頼った判断を忌み嫌うぐらいでちょうど良いと思うのです。

第7章　育成プログラムの具体例

教育とは、バケツに水を満たすようなことではない。
火をつけて、燃やしてやることである。
ウィリアム・バトラー・イェイツ（アイルランドの詩人）

この章では、実際に私たちがフリービット・グループ全体に導入している人材育成プログラムの一部を公開しようと思います。

フリービット・グループでは「何らかの効果がある」と考えられる人材育成プログラムをＨＣＤＰ（Human Capital Development Program）と呼び、リスト管理しています。２００９年12月現在で、リストには141種類のプログラムが存在し、そのうちの約30種が現場に導入されています。

ここでは、その約30種のうち、とくにポジティブな効果が測定されているプログラムを８つご紹介します。ただし、導入環境や導入の方法によっては効果が変わってくるはずなので、実際にこれらのプログラムの導入を検討される場合は、自社の環境を考え、慎重に行ってください。

なお、ここで公開した人材育成プログラムは、私やフリービットからの許可なく、どこでも自由に導入していただいて構いません。

7—1　読書手当「道真公の愛」

読書とは、他人が苦労をして得た経験を、考えられないぐらい格安で手に入れることです。読書を「座学」と考えることもできますが、そこに文字情報として圧縮されているのはまぎれもなく「経験」であるという視点は重要です。

私は、読書をすることこそが学習の根幹だとすら考えています。極端には、**本を読むことが好きにさえなってしまえば、それだけで人材育成の半分までもが完成**だと思います。

フリービットでは、毎月1万円を上限として、社員が購入した書籍の半額を補助していいます。書籍の内容は、必ずしも業務と直結していなくても構わないのですが、補助の支給を受けるには、社内ネットに書評を公開しなくてはならない仕組みとしています。

現在の目標は、全社員が週1冊の本を読むことです。俗説として、年間で50冊ぐらいは読まないと社会の変化にはついていけないと言われますが、これは週換算にすると、ちょうど1冊です。「どの本を読めばよいか解らない」という意見を多く耳にしますが、フリービットでは社内ネットに書き込まれる書評がそうした人への道しるべとなります。

「道真公《みちざねこう》の愛《あい》」という、一風変わった名前をプログラムにつけたのにも理由があります。

まず、プログラムの名称に話題性を持たせることで、このプログラムの存在を社内に認知・定着させることを狙っています。読書手当というだけでは、読書が何につながっているかが見えにくいですが、学問の神様である菅原道真の名を頂戴することで、これは学問であるということを周知させることができます。

また、この名称はそのまま給与明細にもプリントされます。手当がゼロ円であるぐらいではこのご時世なんとも思いませんが、愛がゼロというのはへこみます。給与明細を見た家族からも、「この道真公の愛ってなに?」という質問が出ることを狙っています。

7―2　社内ミニブログ（Yammer）

ミニブログTwitterが世界的に話題になっています。Twitterとは、140文字という文字数制限のあるブログとチャットの中間的な存在で、２００９年6月の時点では、日本国内では約320万人、全世界では約1.1億人のユーザーが利用している巨大なコミュニティーです。

Twitterの特徴の一つが、ユーザー年齢層の高さで、最も多い層が35～44歳の42%、これに続くのが45〜54歳の18%で、中高年のユーザーが過半数を占めています。

このTwitterは、コミュニケーションのリアルタイム性や読みたい人の投稿だけを追いかけることができる柔軟性など、ビジネスにおけるコミュニケーションでも応用できる可能性が指摘されているのですが、基本的にオープンなコミュニケーションツールなので、ビジネスに利用するには秘匿性に問題があります。

この秘匿性に着目し、基本的にはすべてTwitterと同じコンセプトでありながら、企業グループに限定してクローズドなコミュニティー内でのみ展開できるミニブログが登場しました。Yammer（https://www.yammer.com/）というサービスで、世界ではAMD、Deloitte、Adobeといった大手企業でも採用されています。

フリービットでも、このYammerを採用し、グループ全体で「井戸端会議」が開ける状態になっています。すでにYammer上のコミュニケーションからいくつかのイノベーションが起こっていて、さながら喫煙所や給湯室での非公式なコミュニケーションが全社展開されているような感覚です。経営者の企業理念に即した発言には、理念教育という側面もあり、グループ機能なども合わせて、さまざまな利用の仕方が検討されています。また、このYammerにはiPhoneアプリケーションも存在するので、社員間の非公式なコミュニケーションは場所や時間をまったく問わずに進行しています。

今後も、ＩＴの世界ではコミュニケーション面におけるイノベーションが続けざまに起こると考えられます。ＩＴを使いこなせないがための機会損失は相当なレベルに達しつつありますので、とくに人材育成担当者には、普段から意識して新しいＩＴサービスを利用してみるような態度が求められます。

７―３　将来の自分への手紙

フリービットでは、新入社員と中途社員には、入社から3ヶ月後の自分に向けて手紙を書いてもらっています。２０１０年からは、グループの全社員に1年後の自分に向けた手紙を書いてもらう予定です。

この手紙は、自分以外のだれも読めないようなオペレーションになっていて、本当に書くことがなければ白紙であっても構いません。ただ実際には将来の自分がどうあってほしいかという希望や目標を書いたり、現在の自分が感じている不満や困難を書く人が多いようです。

この育成プログラムを導入した理由は、従業員各自が「将来の自分」をリアルに想像したり、逆に「過去の自分」からの手紙を読んで、過ぎ去る時間の早さを強く意識したりできるようになることです。

ダラダラと何となく過ぎてしまうのが時間です。そこに自分で区切りを入れていくためのちょっとした手助けが、このプログラムの狙いなのですが、こうありたいという自分や、こういうことに悩んでいるということを言語化する機会となっている部分が、従業員からすると一番のポイントのようです。

7—4　突撃☆お仕事インタビュー

インタビューを受ける相手に警戒心を与えないコンピテンシーを持っている人材（ほんわかした雰囲気を持っていて、傾聴ができる人材）を選び出し、インタビュー・チームを形成しました。彼らは、フリービット・グループの全社員に対して、アポなしの飛び込みインタビュー（15分程度）を行います。

今時、５００名を超える規模のグループで、全社員インタビューをこなそうとしている企業は少ないでしょう。しかし、このプログラムのポテンシャルは相当高いので、これは他社でも是非とも検討してもらいたいものです。

インタビューの目的は、社員一人一人の仕事を少しでも理解し、その仕事を上手にこなすために必要と思われるトレーニングのニーズを聞き出すことです。要するにこれは、トレーニングの社内マーケティング活動です。

聞き出した内容は、その社員が受けたいと思っているトレーニングの情報以外はすべて秘密扱いで、内容を別の理由で利用する場合は、それが誰の発言であるかを隠して利用することを約束しています。

このインタビューにおいて聞き出している内容は、以下の６項目です。

○部署の仕事、自分の仕事
○仕事の面白いところ
○仕事の難しいところ
○トレーニング・ニーズ
○同僚の顔ぶれ（どんな人がいるか）
○その他の自由な意見

インタビュー終了後には、インタビュー・チームは一堂に会して、その日インタビューをした人材から得た情報をシェアし、すぐにでも導入できる研修や育成プログラムは、（もちろん予算との相談はありますが）その場で決断してすぐに導入しています。ここで私は、ニーズを聞き出してから実際に何らかのトレーニングを導入するまでの「サイクルタイム」は、短ければ短いほど良いという考え方をしています。

トレーニング・ニーズが把握できるだけでなく、このインタビュー自体にも、インタビューを受けるほうに3つの教育効果が、またインタビューをするほうにも3つの教育効果が認められています。

●インタビューを受けるほうの学び

1　自分の部署の仕事や自分の仕事を、バックグラウンドの異なる他者に説明するという活動を通した、他者に教えることによる学び。

2　仕事の面白いところを言語化することによる、自分の仕事に対する姿勢や信念（価値観）の再確認。

3　仕事の難しいところを言語化することによる、自分自身の課題の発見（トレーニングの必要性の確認）。

●インタビューをするほうの学び

1　グループ全社レベルで、個々の社員がどのような仕事をしているのかを知ることができ、グループに共通するチャレンジなどが見えてくる。

2　ニーズを正しく把握すれば、導入できる研修や人材育成プログラムなどを選んで導入することは比較的やさしいということを経験として学ぶ。

3　インタビューを繰り返すことで、インタビュー・スキルそのものが向上していく。

7―5　富士山麓での幹部合宿研修

チームビルディングにおいては、心理学者のタックマンが提唱したモデル（タックマン・モデル）がよく参照されます。タックマン・モデルとは、チームの形成から解散までを以下の5段階で表現したものです(注)。

（注）もとは4段階だったのですが、現在はプロジェクト・ベースで動く仕事が増えてきて、「チームの解散」という段階の存在も無視できなくなったことから、解散期を最後に加えた5段階のモデルが使われることが多くなったようです。

1　チームの形成期（Forming）
メンバーが集まり、チームの存在意義や目的などを模索している段階

2　混乱期（Storming）
チーム内の政治的な立ち位置などをめぐり意見の対立が発生する段階

3　統一期（Norming）
メンバーがお互いの意見を受容し、役割分担や責任が明確となる段階

4　機能期（Performing）
組織に一体感が形成され、組織の力が発揮される段階

5　解散期（Adjourning）
目的の達成やその他の制約条件によって、チームが解散する段階

当然ですが、チームはそれが形成されただけで機能するわけではありません。一番大切なポイントは、チームが形成されてから、それがきちんと機能するようになるまでの間には、メンバーの心理的な対立（混乱期）が不可避であるということです。なんとなくメンバーがお互いに意見の対立を避けて、ただ自由に自分の言いたいことを言っているだけでは、チームは機能しないのです。であるならば、チームビルディングのコツは、混乱期を避けるのではなく、混乱期を早く通り抜けつつ、チームの統合をめざすということです。

この点を踏まえて、合宿研修においては、意見の対立がおきやすいようなテーマによる議論などを意図的にちりばめたデザインがされています。

お互いのことをあまりよく理解していないメンバーがチームを組むとき、そこには経験や知識の違いからくる「論理的なギャップ」と、好みや価値観の違いからくる「感情的なギャップ」が存在しています。

チームが立ち上がる初期の状態（図17の右上）においては、お互いに潜在的な不信感があって、本質的な議論は皆ができるかぎり避けようとしています。

図17

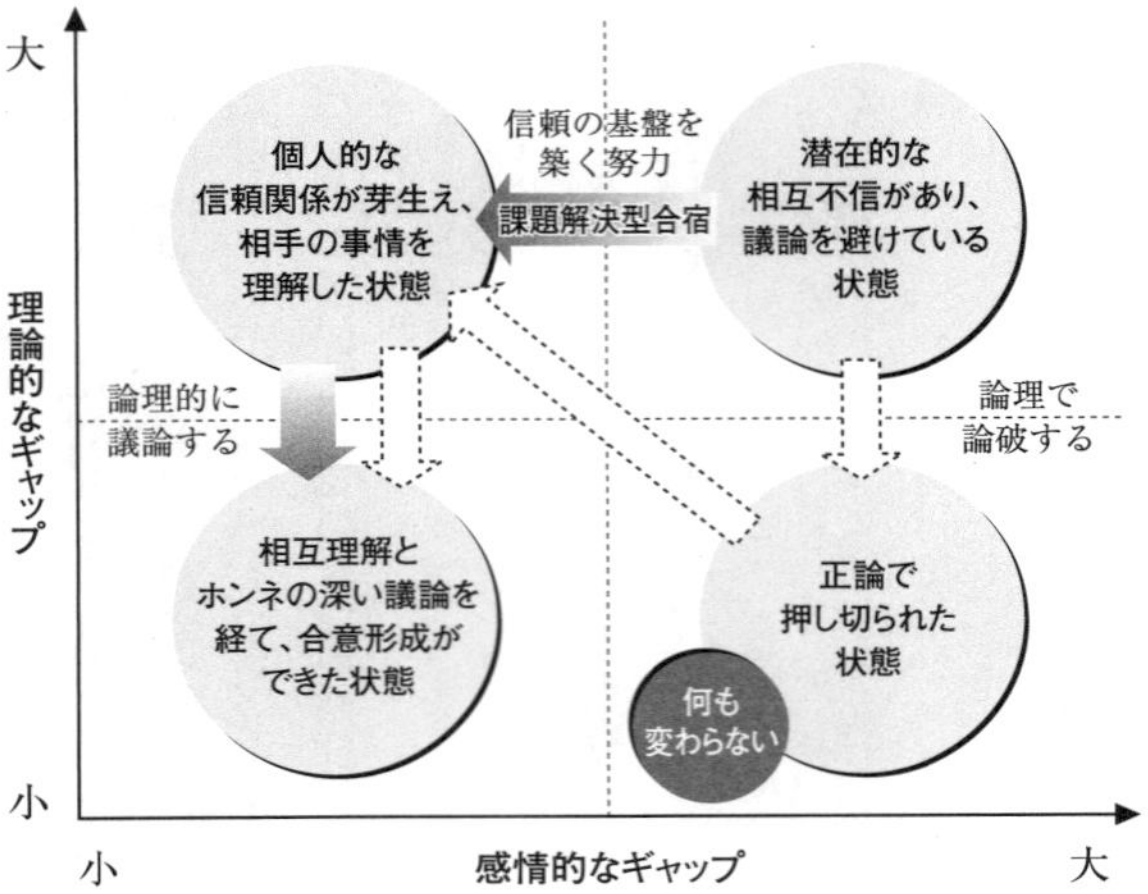

出典:『戦略キャンプ』12ページの図を一部改変

この状態で、とにかく早く仕事を進めようと、感情的なギャップの存在を無視したまま、いきなり論理的なギャップを埋めようと議論をしても、表面的な合意に至る(図の右下)ことは可能かもしれませんが、実際には人は動いてくれなかったりします。

新しいチームが立ち上がるときに、まず取り除かないとならないのは「感情的なギャップ」です。

チームにおける感情面での統一のためには、経験のあるファシリテーターをともなった課題解決型の合宿が非常に有効です(写真参照)。

課題解決型の合宿とは、なんらかの難

しい課題に対して、参加メンバーが協力してチャレンジする合宿のことで、通常は2泊3日〜1週間程度の期間で行われます。

ここで、選ばれる課題には大きく2種類あります。一つは、実際に会社で発生している問題にトライする場合です。この場合は、合宿とはいえ内容は完全に仕事になります。

もう一つは、仕事とは直接関係のないチームワークが求められるゲームをさせる方法です。この場合は、合宿の中心がゲームになりますので、理解のない人からすれば、ただ遊んでいるようにも見えてしまいます。

富士山麓にて実施されたフリービット・グループのマネージャー合宿

きちんとしたデータは手元にありませんが、私は課題解決型の合宿において採用される課題は、ゲームであるべきだと考えています。なぜなら、こうした合宿の目的は、あくまでも感情面のギャップを埋めることにこそあり、現実の仕事では構造上対立せざるをえないような立場の人々こそ、同じチームで協力をしないと解決できないようなゲームにチャレンジする必要があると思うからです。

感情的なギャップが埋まったあとは、ロジカル・シンキングの出番です。ロジカル・シンキングであれば、個別の研修でも身につけることができ、感情面のギャップを埋めるよりもずっと簡単です。

7—6　日本語のできない外国人の採用

第1章でも考えたとおり、グローバル化に対応できないと、会社としてはもちろん、個人としても大変なことになります。グローバル化とはしかし、単に語学力の有無をさす言葉ではありません。もちろん語学力は必要ですが、実際に語学力よりも重要なのは、文化や価値観が異なる外国人の近くで働く経験です。

フリービットでは、2009年秋より、非常に重要な部門に日本語ができないポーランド人（英語でのコミュニケーションがとれる）を配属しました。同時に、このポーランド人を受け入れることになった部門には、語学研修の集中投下を行っています。アメリカ人やイギリス人ではなく、ポーランド人を採用したのは、英語はポーランド人にとって母国語ではないので、英会話のスピードが比較的遅めで、日本人にはとても聞き取りやすいことが理由でした。

短期的に考えれば、日本語だけでまわっていた職務に、英語でないと通じない人材を配属することはとても非効率なことです。しかし長期的には、グローバル化は待ったなしのマスト案件であって、積極的な外国人の採用ができていない企業は、他社に後れをとっているという自覚が必要でしょう。

フリービットは、真のグローバル企業をめざします。

7―7　ジグソーメソッドによるインタラクティブな学習

社会心理学者のエリオット・アロンソンらによって学校教育用に開発されたジグソーメソッドは、各学習者がそれぞれに異なる分野の学習を進め、それをお互いに教え合い、ジグソーパズルのピースをつなぎ合わせるかのように全領域の理解を深めるという学習方法です。

お互いに教え合う過程で、異なる分野において共通する課題や、応用できそうな理論が相補的に伝えられ、全体としての理解が深まるという利点があります。また、グループ内では各自が異なる分野の「ミニ専門家」として認知されるので、各自の「認められたい」という欲求（承認欲求）が満たされる点も無視できません。

フリービットでは、現在7名の若手がそれぞれに異なるテーマで人材育成に関する論文を執筆しており、各自が毎週月曜日の夕方までに、1週間の学習の進捗《しんちょく》を報告しています。また、学習者がお互いに顔を合わせて研究の進捗を報告し合うような機会を設けています。

ここで執筆された論文は、人材育成のケースとして、どこかの媒体で発表していきます。

7―8　ケースメソッド

ケースメソッドとは、ハーバード大学において今から100年ほど前に生み出されたユニークな授業の行い方（教授法）であり、教師は生徒と一緒になってクラス全体でディスカッションをしながら授業を進めます。このケースメソッドにおいては「何かを言わないと、その場に貢献しない人材」と見なされる緊張感が形成され、生徒は積極的な意見交換を繰り返します。

ケースメソッドの議論において土台となるのは、どこかの企業で起こった実際の出来事

（ケース）であり、生徒はこうしたケースから読み取れる問題点を多角的に評価・分析しつつ議論に備えます。ケースメソッドの流れは、だいたい予習（個人学習）に60～120分、グループ討議が30～60分、クラス討議が60～90分という感じです。

ケースメソッドの授業では、教師が教科書を使って講義を行うような一方通行な授業とは異なり、生徒と教師の間はもちろん、生徒と生徒の間でも多くの発言が交わされます。この教授法は、日本でもＭＢＡの学習方法としてその存在は定着した感があります。ただ、実際にケースメソッドを社員教育に取り入れている企業はまだ少ないでしょう。

「4―7　修羅場の経験を積極的に評価する」でも取り上げたとおり、人は修羅場の経験を通して多くのことを学びます。しかし修羅場が人を育てるとはいえ、現実の修羅場というのは意図して作れないものです。

この点に鑑《かんが》み、ケースメソッドに用いられるケース教材は、他者の修羅場が追体験できるようにデザインされています。ケースメソッドの狙いは、修羅場の経験が持っている教育効果を、教室という制約の中で実現することにあるのです。

通常ケースメソッドでは、ビジネスにおいて非常に難しい判断を迫られた実際の修羅場をベースとしてディスカッションがなされます。こうしたケースを通して学べることの一つが、軽く読み流すと一見ばかげた判断のようなものも、真剣に当事者の立場に立つ（対象に棲《す》み込む）と、そうそう当事者を超えるアイディアなど生まれてこないという実感です。そんな実感を多数体内にためこむことが、文字になっている知識ばかりを追いかける傾向のある人材を、一段上の世界にまで引き上げるのです。

さらに、ケースメソッドでは個々の意見を尊重しつつ、他のメンバーとの関係性から知恵を創造するダイナミズムを学びます。こうしたケースメソッドを学ぶ目的は、多様な価値観を持つ人々と効果的な協力態勢を築くためのディスカッション・リーダーシップ能力の獲得にあり、グローバル化への対応という意味合いも含まれています。

ディスカッション・リーダーシップ能力をブレークダウンすると、適切な質問、傾聴、不明点の処理、オープンな空気の生成あたりに落ち着きます。これらは「学びの場」を形成する力と換言することができる、企業に学ぶ文化を根付かせるのにとても大切な力です。

また、ディスカッションの本質は、参加者のあいだで「意見の交換」をすることです。そして現代的な「意見の交換」には、同じ場所、同じ時間に参加者が集まる必要がなくなってきています。

生徒が自由に意見を戦わせることで成り立つケースメソッドには、先端知識の習得という面に弱点があると言われます。しかし、マイケル・ポランニー（化学者・哲学者）が指摘するとおり「私たちは、言葉にできることより多くのことを知ることができる」のです。

多くの経営学者がお金持ちにならないように、経営学の知識だけではビジネスに勝ち残ることはできません。経営学の知識とビジネスの成功の間には、「ひらめき」でしか飛び越えられない大きな川があり、そうした**「ひらめき」は価値観の異なるメンバーの間でなされるディスカッションのうちに生まれる**のです。

コラム7　脱皮できない蛇は滅びる

なんとなく中国の故事のようですが、この「脱皮できない蛇は滅びる」というのは、あのニーチェの言葉だそうです。

脱皮する動物や昆虫は他にも多くいますが、蛇がこの格言に選ばれているのは偶然ではないと思われます。

手足がない独特の姿と毒をも持つ蛇は、古来より世界中で人々の信仰の対象となっており、その脱皮はとくに「死と再生」を連想させてきたという背景があるからです。そういえば、蛇の抜け殻を財布に入れておくとお金持ちになる、なんていう風習も日本に残っています。

ニーチェの有名な「神は死んだ」という言葉も、この「蛇」のストーリーと無縁ではないのかもしれません。

さて、脱皮にはタイミングというものがあって、それは脱皮を試みる本人にしか解らないものです。誰かが外から脱皮を助けてやるということも可能かもしれませんが、それには本人に「脱皮したい」という強い意思があることが前提となるでしょう。

脱皮には恐怖がついてまわります。それは新しい自分になるということであり、その新しさを得るために、これまで築いてきた愛着のある「ヌクヌクとした衣」を捨てるという行為だからです。

しかも新しい自分のほうが、これまでの自分よりも良いかどうかは、実際に変わってみるまで誰にも解らないという高リスクのオマケまで付いてきます。脱皮し続けたニーチェが、精神病院での死を迎えているというのは、ある意味で偶然ではないのです。

しかし、自らこれと決めて変化することは誰にとっても怖いことだからこそ（そしてマジョリティーはそんな変化を選ばないからこそ）、変化の結果として得られるモノに「希少性」が生まれる可能性があるのでしょう。

誰にでも手に入る希少性のないものは、とくに「コモディティー」と呼ばれ、その価値はどこまでも下落する運命にあります。企業としても人材としても、変化よりも恐れるべきなのは、自らのコモディティー化なのです。

生命というシステムは、そのグランド・デザインからして、イノベーションに価値を置くようにできているのかもしれません。

主な参考文献

舞田竜宣、杉山尚子『行動分析学マネジメント』日本経済新聞出版社、２００８年
遠山亮子、野中郁次郎「『よい場』と革新的リーダーシップ：組織的知識創造についての試論」『一橋ビジネスレビュー』2000 vol.48. NO.1-2
堤宇一ほか『はじめての教育効果測定』日科技連出版社、２００７年
ルイス・B・バーンズほか、高木晴夫訳『ケースメソッド 実践原理』ダイヤモンド社、１９９７年
太田肇『承認欲求』東洋経済新報社、２００７年
クレイトン・クリステンセンほか、櫻井祐子訳『教育×破壊的イノベーション』翔泳社、２００８年
『ダイヤモンド・ハーバード・ビジネス・レビュー』２００９年４月号

大久保幸夫『キャリアデザイン入門（Ⅰ）（Ⅱ）』日経文庫、２００６年
川喜多喬『人材育成論入門』法政大学出版局、２００４年
ハワード・ガードナー、松村暢隆訳『ＭＩ：個性を生かす多重知能の理論』新曜社、２００１年
松山雅樹監修『戦略キャンプ』ダイヤモンド社、２００９年
デイナ・ゲイン・ロビンソンほか、鹿野尚登訳『パフォーマンス・コンサルティング』ヒューマンバリュー、２００７年
モーガン・マッコール、金井壽宏ほか訳『ハイ・フライヤー』プレジデント社、２００２年
高木晴夫ほか『実践！　日本型ケースメソッド教育』ダイヤモンド社、２００６年
谷口智彦『マネジャーのキャリアと学習』白桃書房、２００６年
松尾睦『経験からの学習』同文舘出版、２００６年
ウィリアム・Ｔ・オドノヒューほか、佐久間徹監訳『スキナーの心理学』二瓶社、２００５年
ゲイリー・レイサム、金井壽宏監訳『ワーク・モティベーション』ＮＴＴ出版、２００９年
石田英夫『日本型ＨＲＭ』慶應義塾大学出版会、２００８年
石井淳蔵『ビジネス・インサイト』岩波新書、２００９年
デイビッド・ウルリッチ、梅津祐良訳『ＭＢＡの人材戦略』日本能率協会マネジメントセンター、

１９９７年
ラルフ・クリステンセン、梅津祐良訳『戦略人事マネジャー』生産性出版、２００８年
福澤英弘『人材開発マネジメントブック』日本経済新聞出版社、２００９年
高橋俊介『人が育つ会社をつくる』日本経済新聞社、２００６年
中原淳ほか『企業内人材育成入門』ダイヤモンド社、２００６年
マルコ・イアコボーニ、塩原通緒訳『ミラーニューロンの発見』早川書房、２００９年
ジャコモ・リゾラッティほか、柴田裕之訳『ミラーニューロン』紀伊國屋書店、２００９年
百海正一『ケースメソッドによる学習』学文社、２００９年
『人材開発白書２００９』株式会社富士ゼロックス総合教育研究所
David A. Kolb, "Experiential Learning," Prentice Hall PTR
K. Anders Ericsson, "Development of Professional Expertise," Cambridge University Press
Jack J. Phillips, "Return on Investment in Training and Performance Improvement Programs (2nd edition)", Gulf Professional Publishing

あとがき

経営企画室や社外の戦略コンサルタントが考えた経営戦略は、実際に全社への適用段階になると多くの問題が発生し、はじめに設定したアクションプランのとおりにはとても進まないものです。

この経験則は「美しいプレゼンはできたが、会社は何も変わらなかった」といった具合に、メタファーである「美しいプレゼン」への攻撃という形式をとることが多いようです。

この物語が示しているのは、戦略の実行に必要なのは、仕立ての良いスーツを着た人々が会議室で行う「美しいプレゼン」ではなくて、現場で文字通り泥だらけになって仕事をする人々がつむぐ「体温の感じられる言葉」だという、ある種の「答え」だと私は考えています。

では、経営企画室や戦略コンサルタントたちの仕事が不要なのかといえば、それも違います。「泥だらけ」という言葉に酔い、過度に主観的になりがちな現場からのボトムアップの声を根気強く拾いつつ、そこにできる限り網羅的で科学的なアプローチを適用していくようなインテリジェントな活動の価値は、今後も増すことはあっても減ることは決してありません。

「戦略の立案」と「戦略の実行」は、経営戦略における車の両輪です。このどちらが欠けても、企業経営はうまくいきません。

大前研一氏が名著『企業参謀』（講談社文庫、1985年）を発表して以来、日本でも広く「戦略の立案」に関する関心は高まりました。こうした関心の高まりは、部署として戦略の立案を専門に担当する経営企画室の登場や、戦略コンサルティング会社の躍進といった形に昇華されていきました。

この反面、「戦略の実行」は長く現場に置き忘れられてきたと思います。しかし「アクションプランにさえ落とし込めば、あとはただやるだけなので簡単だ」という理解は完全に間違っています。現代における戦略論の多くが、戦略の立案ばかりを話題にしていて、戦略の実行に関してはあまりに手薄であるという指摘は、拙著『あたらしい戦略の教科書』（ディスカヴァー・トゥエンティワン、2008年）でも触れました。

年功序列で、上司や先輩の言うことは絶対という時代であれば、戦略は誰かが立案さえしてしまえば、後は粛々と実行することができたのかもしれません。

しかし、精緻なマーケティング活動によって生み出された新製品の8割までもが失敗すると言われる現代という時代は、上司や先輩はもちろん、経営者の意見ですら「ハイ、そうですか」と鵜呑《うの》みにできない時代なのです。

そうした時代にあっては、どこかから「美しいプレゼン」という形式で降りてくる戦略を、ただ実行すれば成功するという合理的な理由はどこにもありません。皆がそれぞれ足で稼いできた貴重な情報を持ち寄り、戦略は時々刻々と変化する現場の状況に合わせて、最も目的に合った形に修正されなければならないのです。

これまで「戦略の立案」と「戦略の実行」という両輪は、立案のほうが明らかに重く大きなタイヤを履いていました。しかし今や、この関係が完全に逆転しつつあります。「戦略の立案」は経営企画室が担当してきたし、これからもそうかもしれません。では重要性が増している「戦略の実行」は、どこの部署が責任を負っていくべきでしょうか。

私は、この役割は人事部にしかできないと考えています。

なぜなら、現実に「戦略の実行」を妨げるのは、利害の異なる人材の間で起こる「コンフリクト」と、戦略からブレークダウンされたアクションが人材の能力を超えてしまっていることから生じる「行き詰まり」であり、これらは紛れもなく「ヒトの問題」だからです。

同時に、この役割は従来の人事部にはこなせないとも考えています。

従来の人事部とは、いわば全社の統治に責任を持つ「制度の番人」でした。従来の人事部は、人事評価や報酬の公平性を追い求め、採用から退職に至るまで、そこで働く人材が快適であるように、限られた資源の中で制度を整備・管理してきました。

いつしかこの機能は高度にルーティン化され、人事はシェアード・サービス（複数の組織で共通で実施しうる業務を、別会社として独立させることで業務の専門化とコスト低減を狙う制度）の最右翼として数えられるまでになりました。

しかし皮肉なことですが、シェアード・サービスのように企業にとってアウトソーシングしやすい業務というのは、本質的に競争優位の源泉となりえない業務だけです。

従来の人事部は、その名前に「ヒト」の字を持ちつつも、いつのまにか社外に出してしまって問題ないぐらいにヒトから離れてしまいました。残念ながら、高度成長期の日本企業では「出世コース」とすら言われた従来の人事部は、戦略の実行において例外なく発生する「コンフリクト」や「行き詰まり」を解消するためのスキルやコンピテンシーを持ってはいないのです。

経営の専門用語を使って激論を交わす社長と営業担当役員の間に堂々と割って入ることのできるような新しい人事部に求められるのは、高度な人材育成のスキルをベースとしたイノベーションのリーダーシップです。

今こそ、そんな新しい人事部の登場が求められています。

酒井穣

教育とは心に残る教師のことである。

フレッド・ヘッキンガー（ニューヨーク・タイムズ教育担当編集委員）

酒井穣（さかいじょう）
1972年東京都生まれ。フリービット株式会社／戦略人事部ジェネラルマネージャー／経営企画グループ・グループリーダー（兼任）。慶應義塾大学理工学部卒、オランダTilburg大学Tias Nimbas Business School経営学修士号（MBA）首席（The Best Student Award）取得。商社にて新事業開発などに従事した後、オランダの精密機械メーカーに転職。2006年末に各種ウェブ・アプリケーションを開発するベンチャー企業J3 Trust B.V.を創業し、最高財務責任者（CFO）として活動。09年春、フリービットに参画するため、8年8ヶ月暮らしたオランダから帰国。人気ブログ(http://nedwlt.exblog.jp/)管理人。印税寄付プログラムChabo！参加著者。主著『はじめての課長の教科書』（ディスカヴァー・トゥエンティワン）。

「日本《にほん》で最《もっと》も人材《じんざい》を育成《いくせい》する会社《かいしゃ》」のテキスト

2010年1月20日初版1刷発行
2010年1月30日　2刷発行

著　者 —— 酒井穣
発行者 —— 古谷俊勝
装　幀 —— アラン・チャン
印刷所 —— 堀内印刷
製本所 —— ナショナル製本
発行所 —— 株式会社 光文社
東京都文京区音羽1-16-6(〒112-8011)
http://www.kobunsha.com/
電　話 —— 編集部03(5395)8289 書籍販売部03(5395)8113
業務部03(5395)8125
メール —— sinsyo@kobunsha.com

 ISBN 978-4-334-03542-6